"Taller de Cine"
Colección dirigida por Gabriel García Márquez

Taller de guión de
GABRIEL GARCÍA MÁRQUEZ

LA BENDITA MANÍA DE CONTAR

OLLERO & RAMOS EDITORES
ESCUELA INTERNACIONAL DE CINE Y TELEVISIÓN

Edición: Ambrosio Fornet

© Gabriel García Márquez, 1998

© De esta edición, 1998:

Escuela Internacional de Cine y Televisión.

San Antonio de los Baños (Cuba)

Ollero & Ramos Editores, S.L.

Cuesta de Santo Domingo, 3 -28013 Madrid-

Ilustración de cubierta: *El contador de historias*
Montaje de Emul Urller.

I.S.B.N. 84-7895-099-0

Depósito legal: B. 38.231-1998

Impreso en Hurope, S.L.

Distribuye Plaza y Janes Editores

ÍNDICE

INTRODUCCIÓN

PARA CONTAR HISTORIAS

GABO.— Empiezo por decirles que esto de los talleres se me ha convertido en un vicio. Yo lo único que he querido hacer en mi vida –y lo único que he hecho más o menos bien– es contar historias. Pero nunca imaginé que fuera tan divertido contarlas colectivamente. Les confieso que para mí la estirpe de los *griots*, de los cuenteros, de esos venerables ancianos que recitan apólogos y dudosas aventuras de *Las mil y una noches* en los zocos marroquíes, esa estirpe, es la única que no está condenada a cien años de soledad ni a sufrir la maldición de Babel. Era una lástima que nuestro esfuerzo quedara confinado a estas cuatro paredes, a los contados participantes de uno u otro taller. Bueno, les anuncio que muy pronto romperemos el cascarón. Nuestras reflexiones y discusiones, que hemos tenido el cuidado de grabar, se transcribirán y serán publicadas en libro, el primero de los cuales se titulará *Cómo se cuenta un cuento*. Muchos lectores podrán compartir entonces nuestras búsquedas y además nosotros mismos, gracias a la letra impresa, podremos seguir paso a paso el proceso creador con sus saltos repentinos o sus minúsculos avances y retrocesos.

Hasta ahora me había parecido difícil, por no decir imposible, observar en detalle los caprichosos vaivenes de la imaginación, sorprender el momento exacto en que surge una idea, como el cazador que descubre de pronto en la mirilla de su fusil el instante preciso en que salta la liebre. Pero con el texto delante creo que será fácil hacer eso. Uno podrá volver atrás y decir: "Aquí mismo fue". Porque uno se dará cuenta de que a partir de ahí –de esa pregunta, ese comentario, esa inesperada sugerencia. –fue cuando la historia dio un vuelco, tomó forma y se encauzó definitivamente.

Una de las confusiones más frecuentes, en cuanto al propósito del taller, consiste en creer que venimos aquí a escribir guiones o proyectos de guión. Es natural. Casi todos ustedes son o quieren ser guionistas, escriben o aspiran a escribir para la televisión y el cine, y como esto es una escuela de cine y televisión, precisamente, es lógico que al llegar aquí mantengan los hábitos mentales del oficio. Siguen pensando en términos de imagen, estructuras dramáticas, escenas y secuencias, ¿no es así? Pues bien: olvídenlo. Estamos aquí para contar historias. Lo que nos interesa aprender aquí es cómo se arma un relato, cómo se cuenta un cuento. Me pregunto, sin embargo, hablando con entera franqueza, si eso es algo que se pueda *aprender*. No quisiera descorazonar a nadie, pero estoy convencido de que el mundo se divide entre los que saben contar historias y los que no, así como, en un sentido más amplio, se divide entre los que cagan bien y los que cagan mal, o, si la expresión les parece grosera, entre los que *obran* bien y los que *obran* mal, para usar un piadoso eufemismo mexicano. Lo que quiero decir es que el cuentero nace, no se hace. Claro que el don no basta. A quien sólo tiene la aptitud, pero no el oficio, le falta mucho todavía: cultura, técnica, experiencia... Eso sí: posee lo principal. Es algo que recibió de la familia, probablemente, no sé si por la vía de los genes o de las conversaciones de sobremesa. Esas personas que tienen aptitudes innatas suelen *contar* hasta sin proponérselo, tal vez porque no saben expresarse de otra manera. Yo mismo, para no ir más lejos, soy incapaz de pensar en términos abstractos. De pronto me preguntan en una entrevista cómo veo el problema de la capa de ozono o qué factores, a mi juicio, determinarán el curso de la política latinoamericana en los próximos años, y lo único que se me ocurre es contarles un cuento. Por suerte, ahora se me hace mucho más fácil, porque además de la vocación tengo la experiencia y cada vez logro condensarlos más y por tanto aburrir menos.

La mitad de los cuentos con que inicié mi formación se los escuché a mi madre. Ella tiene ahora ochenta y siete años y nunca oyó hablar de discursos literarios, ni de técnicas narrativas, ni de nada de eso, pero sabía preparar un golpe de efecto, guardarse un as en la manga mejor que los magos que sacan pañuelitos y conejos del sombrero. Recuerdo cierta vez que estaba contándonos algo, y después de mencionar a un tipo que no tenía nada que ver con el asunto, prosiguió su cuento tan campante, sin volver a hablar de él, hasta que casi llegando al final, ¡paff!, de nuevo el tipo —ahora en primer plano, por decirlo así—, y todo el mundo boquiabierto, y yo preguntándome, ¿dónde habrá aprendido mi madre esa técnica, que a uno le toma toda una vida aprender? Para mí, las historias son como juguetes y armarlas de una forma u otra es como un juego. Creo que si a un niño lo pusieran ante un grupo de juguetes con características distintas, empezaría jugando con todos pero al final se quedaría con uno. Ese *uno* sería la expresión de sus aptitudes y su vocación. Si se dieran las condiciones para que el talento se desarrollara a lo largo de toda una vida, estaríamos descubriendo uno de los secretos de la felicidad y la longevidad. El día que descubrí que lo único que realmente me gustaba era contar historias, me propuse hacer todo lo necesario para satisfacer ese deseo. Me dije: esto es lo mío, nada ni nadie me obligará a dedicarme a otra cosa. No se imaginan ustedes la cantidad de trucos, marrullerías, trampas y mentiras que tuve que hacer durante mis años de estudiante para llegar a ser escritor, para poder seguir mi camino, porque lo que querían era meterme a la fuerza por otro lado. Llegué inclusive a ser un gran estudiante para que me dejaran tranquilo y poder seguir leyendo poesías y novelas, que era lo que a mí me interesaba. Al final del cuarto año de bachillerato –un poco tarde, por cierto– descubrí una cosa importantísima, y es que si uno pone atención a la clase después no tiene que estudiar ni estar con la angustia permanente de las preguntas y los exámenes. A esa edad, cuando uno se concentra lo absorbe todo como una esponja. Cuando me di cuenta de eso hice dos años –el cuarto y el quinto– con calificaciones máximas en todo. Me exhibían como un genio, el joven de 5 en todo, y a nadie le pasaba por la cabeza que eso yo lo hacía para no tener que estudiar y seguir metido en mis asuntos. Yo sabía muy bien lo que me traía entre manos.

Modestamente, me considero el hombre más libre del mundo –en la medida en que no estoy atado a nada ni tengo compromisos con nadie– y eso se lo debo a haber hecho durante toda la vida única y exclusivamente lo que he querido, que es contar historias. Voy a visitar a unos amigos y seguramente les cuento una historia; vuelvo a casa y cuento otra, tal vez la de los amigos que oyeron la historia anterior; me meto en la ducha y, mientras me enjabono, me cuento a mí mismo una idea que venía dándome vueltas en la cabeza desde hacía varios días... Es decir, padezco de la bendita manía de contar. Y me pregunto: esa manía, ¿se puede trasmitir? ¿Las obsesiones se *enseñan*? Lo que sí puede hacer uno es compartir experiencias, mostrar problemas, hablar de las soluciones que encontró y de las decisiones que tuvo que tomar, por qué hizo esto y no aquello, por qué eliminó de la historia una determinada situación o incluyó un nuevo personaje... ¿No es eso lo que hacen también los escritores cuando leen a otros escritores? Los novelistas no leemos novelas sino para saber cómo están escritas. Uno las voltea, las desatornilla, pone las piezas en orden, aísla un párrafo, lo estudia, y llega un momento en que puede decir: "Ah, sí, lo que hizo éste fue colocar al personaje aquí y trasladar esa situación para allá, porque necesitaba que más allá..." En otras palabras, uno abre bien los ojos, no se deja hipnotizar, trata de descubrir los trucos del mago. La técnica, el oficio, los trucos son cosas que se pueden enseñar y de las que un estudiante puede sacar buen provecho. Y eso es todo lo que quiero que hagamos en el taller: intercambiar experiencias, jugar a inventar historias, y en el ínterin ir elaborando las reglas del juego.

Éste es el sitio ideal para intentarlo. En una cátedra de literatura, con un señor sentado allá arriba soltando imperturbable un rollo teórico, no se aprenden los secretos del escritor. El único modo de aprenderlos es leyendo y trabajando en taller. Es aquí donde uno ve con sus propios ojos cómo crece una historia, cómo se va descartando lo superfluo, cómo se abre de pronto un camino donde sólo parecía haber un callejón sin salida... Por eso no deben traerse aquí historias muy complejas o elaboradas, porque la gracia del asunto consiste en partir de una simple propuesta, no cuajada todavía, y ver si entre todos somos capaces de convertirla en una historia que, a su vez, pueda servir de base a un guión televisivo o cinematográfico. A las historias para largometrajes hay que dedicarles un tiempo del que ahora no disponemos. La experiencia nos dice que las historias sencillas, para cortos o mediometrajes, son las que mejor funcionan en el taller. Le dan al trabajo una dinámica especial. Ayudan a conjurar uno de los mayores peligros que nos acechan, que es la fatiga y el estancamiento. Tenemos que esforzarnos para que nuestras sesiones de trabajo sean realmente productivas. A veces se habla mucho pero se produce poco. Y nuestro tiempo es demasiado escaso y por tanto demasiado valioso para malgastarlo en charlatanerías. Eso no quiere decir que vayamos a sofocar la imaginación, entre otras cosas porque aquí funciona también el principio del *brain-storming*: hasta los disparates que se le ocurren a uno deben tomarse en cuenta porque a veces, con un simple giro, dan paso a soluciones muy imaginativas.

No se concibe al participante de un taller que no sea receptivo a la crítica. Esto es una operación de toma y daca, y hay que estar dispuesto a dar golpes y a recibirlos. ¿Dónde está la frontera entre lo permisible y lo inaceptable? Nadie lo sabe. Uno mismo la fija. Por lo pronto, uno tiene que tener muy claro cuál es la historia que quiere contar. Partiendo de ahí, tiene que estar dispuesto a luchar por ella con uñas y dientes, o bien, llegado el caso, ser suficientemente flexible y reconocer que, tal como uno la imagina, la historia no tiene posibilidades de desarrollo, por lo menos a través del lenguaje audiovisual. Esa mezcla de intransigencia y flexibilidad suele manifestarse en todo lo que uno hace, aunque a menudo adopte formas distintas. Yo, por ejemplo, considero que los oficios de novelista y de guionista son radicalmente diferentes. Cuando estoy escribiendo una novela me atrinchero en mi mundo y no comparto nada con nadie. Soy de una arrogancia, una prepotencia y una vanidad absolutas. ¿Por qué? Porque creo que es la única manera que tengo de proteger al feto, de garantizar que se desarrolle como lo concebí. Ahora bien, cuando termino o considero casi terminada una primera versión, siento la necesidad de oír algunas opiniones y les paso los originales a unos pocos amigos. Son amigos de muchos años, en cuyos criterios confío y a quienes pido, por tanto, que sean los primeros lectores de mis obras. Confío en ellos no porque acostumbren a celebrarlas diciendo qué bien, qué maravilla, sino porque me dicen francamente qué encuentran mal, qué defectos les ven, y sólo con eso me prestan un enorme servicio. Los amigos que sólo ven virtudes en lo que escribo podrán leerme con más calma cuando ya el libro esté editado; los que son capaces de ver también defectos, y de señalármelos, ésos son los lectores que necesito *antes*. Claro que siempre me reservo el derecho de aceptar o no las críticas, pero lo cierto es que no suelo prescindir de ellas.

Bueno, ése es el retrato del novelista ante sus críticos. El del guionista es muy diferente. Para nada se necesita más humildad en este mundo que para ejercer con dignidad el oficio de guionista. Se trata de un trabajo creador que es *también* un trabajo subalterno. Desde que uno empieza a escribir sabe que esa historia, una vez terminada, y sobre todo, una vez filmada, ya no será suya. Uno recibirá un crédito en pantalla, cierto –casi siempre mezclado con solícitos colaboradores, incluido el propio director– pero el texto que uno escribió ya se habrá diluido en un conjunto de sonidos e imágenes elaborado por otros, los miembros del equipo. El gran caníbal es siempre el director, que se *apropia* de la historia, se identifica con ella y le mete todo su talento y su oficio y sus güevos para que se convierta finalmente en la película que vamos a ver. Es él quien impone el punto de vista definitivo, y en ese sentido es mucho más autoritario que los guionistas y los narradores. Yo creo que quien lee una novela es más libre que quien ve una película. El lector de novelas se imagina las cosas como quiere –rostros, ambientes, paisajes...– mientras que el espectador de cine o el televidente no tiene más remedio que aceptar la imagen que le muestra la pantalla, en un tipo de comunicación tan impositiva que no deja margen a las opciones personales. ¿Saben ustedes por qué no permito que *Cien años de soledad* se lleve al cine? Porque quiero respetar la inventiva del lector, su soberano derecho a imaginar la cara de la tía Ursula o del Coronel como le venga en gana.

Pero, en fin, me he alejado bastante del tema, que no es ni siquiera el trabajo del guionista, sino lo que podemos hacer para seguir alimentando la manía de contar, que todos padecemos en mayor o menor grado. Por lo pronto, tenemos que concentrar nuestras energías en los debates del taller. Alguien me preguntó si no sería posible matar dos pájaros de un tiro asistiendo por las mañanas al taller de fotografía submarina que se está realizando aquí mismo, y le contesté que no me parecía una buena idea. Si uno quiere ser escritor tiene que estar dispuesto a serlo veinticuatro horas al día, los trescientos sesenta y cinco días del año. ¿Quién fue el que dijo aquello de que si me llega la inspiración me encontrará escribiendo? Ése sabía lo que decía. Los diletantes pueden darse el lujo de mariposear, de pasarse la vida saltando de una cosa a otra sin ahondar en ninguna, pero nosotros no. El nuestro es un oficio de galeotes, no de diletantes.

PRIMERA PARTE

Al principio siempre es así

GABO.— Bien, aquí tenemos a Elizabeth, la brasileña, que se ofrece a romper el fuego. ¿Por qué será que los brasileños siempre quieren meter el primer gol?

ELIZABETH.— Me siento un poco cortada. No tengo experiencia en este tipo de actividad.

GABO.— Al principio siempre es así, pero despreocúpate, ya te irás acostumbrando...

MÓNICA.— Por lo pronto, no tendrás que hablar en portuñol: tu español es excelente.

ELIZABETH.— Soy periodista. En cine siempre trabajé el corto documental, nunca cosas de ficción. Tuvimos una conversación aquí, entre amigos, y hemos pensado que sería interesante hacer entre todos un trabajo sobre los problemas de América Latina, a lo largo de su historia, mezclando las técnicas del documental y de la ficción...

GABO.— Eso en la Biblia quedó muy bien, toda la historia del pueblo de Dios en un solo volumen. Pero nosotros no tenemos tiempo de hacer la Biblia Latinoamericana en el marco del taller.

ELIZABETH.— No, pero si tratáramos de sintetizar...

GABO.— Eso fue lo que hicieron los profetas, y ya ven... ¿Por qué no intentamos ser más modestos? Tú misma, Elizabeth, ¿no tienes algún proyecto personal que quieras someter a discusión?

ELIZABETH.— Sí. Es un *thriller*. Estaría basado en la historia real de un economista que denunció el escándalo del presupuesto en Brasil. Pero, ¿cómo empezar? Mi única experiencia en ficción fue un proyecto de docudrama que tenía como centro la Bahía de Guanabara.

GABO.— ¿No has oído hablar de un accidente aéreo que hubo sobre la bahía cuando el Presidente Eisenhower visitó Río?

ELIZABETH.— ¿Sobre la bahía de Guanabara?

GABO.— Ahí tienes una buena imagen para empezar. El avión en que iba la banda de música de Eisenhower estalló sobre la bahía. Se hundió con todos sus pasajeros. Pero los instrumentos quedaron flotando y la bahía quedó cubierta de violines, trompetas, contrabajos, trombones... Es una imagen que no olvido. Vi la foto en la prensa. Creo que en una historia de la bahía de Guanabara ésa podría ser una página bellísima.

ELIZABETH.— Nunca oí hablar de eso.

GABO.— Por eso te lo cuento. Tú no tienes edad para recordarlo. ¿Alguno de ustedes ha leído la novela *El Chacal*, de Frederick Forsyth? ¿No? ¡Quién lo iba a decir! ¡Ya no se lee *El Chacal* en este mundo! Ah, pero seguramente vieron *El día del Chacal*, la película... Bueno, es lo mismo: la historia de un asesino a sueldo al que le encomiendan la tarea de matar al General De Gaulle. El hombre lo organiza todo él solo, decidido a ejecutar el crimen perfecto, pero no perfecto en el sentido de que sea imposible descubrirlo sino en el sentido de que será una operación impecable, cuidada hasta en sus menores detalles. La narración misma parece impecable la primera vez que se lee —ni un solo fallo, algo realmente sensacional—; leída por segunda vez ya uno le nota las costuras, pero al principio... Bien, este hombre, cuando todo está listo, apunta a la cabeza de De Gaulle y dispara. Pero en ese preciso momento el General ha inclinado la cabeza y la bala sigue de largo. ¡Puta madre! ¡Tanto trabajo para nada! Creo que *El Chacal* sería una de las grandes novelas de este siglo si el atentado hubiera llegado a consumarse. ¿Acaso no se trata de una novela, de un relato de ficción? Pues entonces, ¿por qué no iba a poder el hombre cazar a su presa? Dentro de doscientos años tal vez se plantearía la duda: ¿murió De Gaulle realmente en un atentado? Sabemos que falleció en su retiro campestre, mientras veía el noticiero de televisión, pero una muerte semejante no se graba en la memoria, mientras que la otra sí, difícilmente se olvida. Así que cabría la posibilidad de que, pasado el tiempo, un buen día los niños aprendieran en las escuelas que el General De Gaulle había sido muerto por un asesino solitario. Eso es lo bueno que tiene la literatura, que puede llegar a ser más real que la propia realidad... Pero, a ver, ¿por dónde íbamos? ¿Alguien puede decirme a qué venía todo esto de *El Chacal*?

GUSTAVO.— Estábamos empezando a presentar nuestros proyectos. El de Elizabeth era un *thriller*.

25

GABO.— Ah, por ahí venía la cosa... Tú eres Gustavo, ¿no?, el cordobés...

GUSTAVO.— Me dicen Guto. Soy de Córdoba pero vivo en Buenos Aires desde hace cinco años. Gané el premio de la Bienal de Córdoba con un corto de ficción. El premio consistía en venir aquí, a pasar este taller con vos.

GABO.— ¿Ah, sí? Pues a mí nunca me dijeron que yo era premio de nada... ¿Y tú, Mónica? Espera. Tú no necesitas presentación. Tú eres la novelera más descarada que hay en Colombia. Te perdonamos porque estamos seguros de que llegarás a ser una gran idealista. ¿Y tú, Ignacio?

IGNACIO.— Soy de Málaga.

GABO.— A la hora de la verdad, todos somos andaluces.

IGNACIO.— He hecho guiones para cine y televisión. Acabo de terminar mi primera novela y estoy empezando a escribir otra que es, en realidad, un conjunto de cuentos.

GABO.— Quizá podamos robarte algunas ideas.

IGNACIO.— A ver si les gusta ésta: un señor llega a un pueblo y el mismo día de su llegada, muere. La hice como capítulo de una serie de televisión.

GABO.— ¿Y qué fue a buscar el hombre allí?

IGNACIO.— El pueblo era un pie forzado. Cuando me encargaron la historia me advirtieron que tenía que haber un pueblo y una muerte. Ah, y una asociación de turistas. Con esos elementos tenía yo que construir mi historia. Las de los demás guionistas, después, debían encajar en la mía.

GABO.— Hace años, en México, me llamó un productor para decirme que había filmado una boda espléndida para no sé qué película y que, después, al editarla, se dio cuenta de que no encajaba allí. Pero le había quedado tan bien que quería sacarle provecho, así que me pidió que le escribiera una película alrededor de esa secuencia. Por supuesto que se la escribí. Menos mal que en esa época yo no firmaba mis guiones. Pero volviendo al muerto, Ignacio, ¿qué había ido a hacer el tipo allí?

IGNACIO.— Había vivido en aquel pueblo treinta años antes y todavía tenía allí una hija. Se había comprado un terreno porque quería pasar allí sus últimos años.

GABO.— Con tan mala pata, que muere el mismo día de su llegada. Estamos impacientes por saber qué pasó.

IGNACIO.— Ah, no, ésa no es la historia que quiero traer al taller.

GABO.— Vamos a tener que pedirle a Senel que nos saque del atolladero. Senel ha prometido contarnos su experiencia como guionista de Titón y adaptador de su propio cuento para *Fresa y chocolate*, pero eso vamos a reservarlo para después, para cuando hayamos avanzado en nuestro trabajo. Dinos, Senel, ¿qué estás haciendo ahora?

SENEL.— Una novela.

GABO.— ¿Por qué no me dejan las novelas a mí y ustedes se quedan con los guiones?

SENEL.— No voy a contársela, porque no quiero que me pase como con las películas, que trato de contarlas pero los amigos me mandan a callar porque dicen que, cuando yo las cuento, todas las películas parecen malas.

GABO.— Bueno, hoy no estamos inspirados, pero esa idea del hombre que llega a un pueblo, dispuesto a quedarse allí el resto de sus días, y muere de inmediato, es la clase de historia que podríamos estructurar entre todos para ver cómo funciona en la práctica la operación de montar y desmontar un cuento. Es cierto que al principio todo parece más difícil, se avanza muy lentamente, pero después, cuando se agarra la idea, el proceso se acelera hasta el punto de que puede uno atreverse a armar una historia minutos antes de que termine la jornada de trabajo. Nos pasó una vez. Habíamos estado trabajando a buen ritmo historias de media hora y el último día llegamos al final con tanto impulso que alguien, un chileno, dijo: "Nos quedan tres minutos, ¿por qué no trabajamos en ese tiempo una historia que me da vueltas en la cabeza, la de una visitadora social que conoce en la cárcel a un joven preso?" Alguien dijo lo obvio: "Se enamoran". Y otro: "Pero ella, ¿cómo consigue permiso para verlo?" Y otro: "Haciéndose pasar por su mujer. Eso le da derecho a la visita conyugal". Perfecto. La cosa funciona satisfactoriamente. Ellos quieren prolongar su felicidad. Para eso, ella lo ayudará a escapar. Vivirán felices en el fin del mundo, instalados en un lugar donde nadie los conozca. "¿Y cómo se escapa el tipo?". Alguien conocía el caso de una fuga espectacular, muy ingeniosa, que había ocurrido en Venezuela. Bien. El tipo huye, ella ha preparado un refugio clandestino, su nido de amor, en un sitio donde será imposible descubrirlos. Pero no tardan en darse cuenta de que no es igual: la cosa no funciona como antes. Y de común acuerdo, ambos deciden que él se entregue a la policía para poder seguir viéndose en la cárcel, disfrutando los maravillosos encuentros de la visita conyugal. ¿Qué les parece? En tres minutos resolvimos el problema a partir de la nada. Lo único que había al principio era la idea de la visitadora social. En fin, ya he hablado demasiado. Ahora lo que quisiera es que me contaran una buena historia. ¿La tuya, Elizabeth?

ELIZABETH.— ¿Puedo?

GABO.— Era un *thriller*, ¿verdad? No nos defraudes.

ELIZABETH.— Es la historia de un hombre corrupto. Voy a tratar de contarla en orden cronológico.

GABO.— Así me gusta. Después veremos cuál es la estructura que más le conviene.

La increíble y verídica historia
de un hombre execrable

ELIZABETH.— En Brasilia, un día de 1993, la policía hace un registro en casa de José Carlos Alves dos Santos y encuentra debajo del colchón de su cama ochocientos mil dólares, de los cuales treinta mil eran falsos. El hombre va preso, acusado de poseer moneda falsa. ¿Quién era José Carlos Alves dos Santos? Un economista famoso, alto funcionario del Gobierno, que manejaba prácticamente el presupuesto de la nación. Era, además profesor universitario. En 1965 había ganado por oposición un cargo en el Congreso y poco a poco fue ascendiendo hasta convertirse en Director General de la Comisión de Presupuestos. Mientras duró la dictadura en Brasil nadie podía opinar sobre las cuestiones presupuestarias, pero después se creó esa comisión y los diputados apelaban a ella con el fin de promover enmiendas o reclamar asignaciones para sus respectivos estados. José Carlos era, precisamente, la persona que coordinaba esas reclamaciones... Su prestigio era tal que llegado el momento lo obligaron a posponer su jubilación y aceptar el nombramiento de Asesor legislativo de la Cámara. Fue entonces cuando lo arrestaron y encarcelaron.

GABO.— ¿De qué lo acusaban, en realidad?

ELIZABETH.— Eso es lo curioso del asunto. No lo acusaban de desfalco, ni de malversación, sino... de no haber denunciado a tiempo la desaparición de su mujer.

MANOLO.— El *asesinato* de la mujer, querrás decir.

GABO.— Un momento: en este taller no se puede ser tan impaciente. Ahora lo que hay que averiguar no es qué pasó *entonces*, sino qué pasó *antes*...

ELIZABETH.— ¿Cómo iba la policía a acusar al pobre hombre de asesinato si no tenía ninguna prueba?

MANOLO.— Entonces... ¿*hubo* un asesinato?

·ELIZABETH.— Me atengo al consejo de Gabo: vayamos por partes. Por lo pronto, la mujer de José Carlos ha desaparecido, él no denuncia el hecho de inmediato, sino que espera más de lo debido para acudir a la policía, le hacen un registro, le encuentran los billetes falsos...

GABO.— ¿Cuánto tiempo espera él para denunciar el hecho?

ELIZABETH.— Doce horas, quince horas quizás... La desaparición –o el secuestro, porque lo que él denuncia es un secuestro– se produce en horas de la noche y él no lo reporta hasta el día siguiente. Pero mientras la mujer sigue desaparecida, el hombre trata de localizarla a través de adivinos y videntes, incluyendo uno muy famoso, de Minas Gerais, llamado Chico Xavier...

GABRIELA.— Lo del registro no está claro. ¿Por qué la policía va a *registrar* su casa?

ELIZABETH.— Por increíble que parezca, es él mismo quien la lleva hasta allí. Sin darse cuenta. Él le entrega a la policía trescientos mil dólares porque dice que los secuestradores le han telefoneado pidiendo ese rescate por su mujer, y él quiere que sea la policía la que sirva de enlace. Con tan mala suerte, que mezclados con los trescientos mil dólares hay un gran número de billetes falsos.

GABRIELA.— Y mientras tanto, la mujer sigue sin aparecer.

GABO.— Cuando Dickens murió estaba escribiendo un libro sobre el misterio de una desaparición. Lo dejó inconcluso. Y como nunca dijo en qué consistía el misterio –a lo mejor ni él mismo lo sabía– , se han propuesto desde entonces los más diversos finales, pero ninguno resulta satisfactorio. La ventaja nuestra es que Elizabeth está aquí y goza de buena salud. Nos tienes intrigados, ¿sabes?

ELIZABETH.— La mujer de José Carlos era medio tocaya mía, se llamaba Ana Elizabeth. Una mujer muy bonita, de cuarenta y dos años, funcionaria del Ministerio de Educación, con tres hijos ya adultos –hijos de ambos– y que en esos momentos estaba empeñada en salvar su matrimonio, porque había descubierto que el marido tenía una amante muy atractiva, treinta años más joven que él. La noche del suceso, José Carlos y su esposa habían salido a cenar, como parte de una estrategia de reconciliación, según declaró él mismo.

GABRIELA.— Él hace esas declaraciones a la policía, desde luego.

ELIZABETH.— Primero a la policía y después a su hija mayor, con la que sostiene una relación muy estrecha y a quien le confiesa que ha llegado a un punto en que necesita hacer catarsis. Inmediatamente después se hace entrevistar por el periodista de una importante revista, a quien le plantea el "enigma" de los dólares encontrados bajo su colchón. ¿Para qué necesitaba él –que era rico, millonario...– esconder o guardar dinero bajo el colchón de su cama?

GABO.— Ahora empieza el *thriller*.

ELIZABETH.— Sí. Un *thriller* político y absolutamente real. José Carlos insinúa de pronto que está siendo manipulado: es el chivo expiatorio de todo un sistema organizado alrededor del presupuesto para sacar plata y repartírsela entre los congresistas. No sé si me entienden: son delitos que tienen que ver con agencias y oficinas gubernamentales.

GABRIELA.— Te entendemos perfectamente, Elizabeth. Esas figuras delictivas se llaman en español soborno, peculado, malversación, cohecho, substracción de fondos del erario público..., el glosario de la corrupción administrativa. No creas que ustedes saben más que nosotros de eso.

ELIZABETH.— Se imaginarán entonces el escándalo que producen las declaraciones de José Carlos. Por lo pronto, involucran a cuarenta diputados, tres gobernadores, cuatro ex ministros del gobierno de Collor de Mello y dos ministros del gobierno de Itamar Franco.

MANOLO.— ¡No dejó títere con cabeza!

ELIZABETH.— Entre los diputados, por cierto, había siete que formaban parte de la Comisión de Presupuestos y que por su baja estatura –no me refiero a la moral, sino a la física– fueron llamados popularmente Los Siete Enanitos. Uno de ellos –un hombre muy poderoso, multimillonario, llamado João Alves– era el encargado de sobornar o de gratificar a José Carlos. Cada cierto tiempo le mandaba maletas llenas de dólares.

GABO.— ¿*Llenas* de dólares?

ELIZABETH.— Sí. La primera vez –según cuenta el propio José Carlos– recibió una maleta y cuando la abrió, ¡sorpresa!: cincuenta mil dólares había adentro. ¿Quién los mandaba? No lo sabía, dice.

MANOLO.— De milagro no le dio un infarto.

ELIZABETH.— Dice que pensó: "Es un regalo."

GUTO.— Él sabría por qué...

GABRIELA.— ¡Qué munificencia!

GABO.— Si los brasileños tienen los mejores carnavales y los mejores futbolistas, es lógico que tengan también *os ladrãos mais generosos do mundo*.

ELIZABETH.— Los regalitos se hicieron habituales. Cada dos meses José Carlos recibía en su casa una maleta, de procedencia desconocida, que contenía dólares: unas veces doscientos mil, otras trescientos mil... En Brasil eso equivale a una fortuna.

MANOLO.— Y fuera de Brasil también.

ELIZABETH.— Bueno, la policía empieza a investigar los negocios de los diputados y descubre que entre 1988 y 1992, el tal João Alves había movido en su cuenta bancaria nada menos que treinta *billones* de dólares.

MANOLO.— Entre nosotros un billón es, millón de millones, no mil millones, como en los Estados Unidos.

ELIZABETH.— No llego ni siquiera a imaginarme la diferencia. El hecho es que interrogan a João, y él dice, tranquilamente, que esas sumas provenían de la lotería. Que eran premios de la lotería. Se trataba de cifras astronómicas, cierto, porque a veces él compraba billetes por un importe mayor del que representaba el premio.

GUTO.— No entiendo cómo es eso. ¿Él gastaba más de lo que podía ganar?

ELIZABETH.— Ahí entran a jugar otros factores, como la necesidad de lavar dinero. Él compraba tal cantidad de billetes distintos, que siempre ganaba algo, aunque fueran premios menores. Eso a él no le importaba. Lo que le importaba –aunque perdiera dinero en la inversión– era que la ganancia le quedaba como dinero limpio.

GUTO.— Es verdad lo que dice Gabo: eso no puede pasar en ningún otro lugar del mundo.

GABO.— ¿Yo dije eso?

ELIZABETH.— Era *tanto* lo que el hombre jugaba –siempre en Brasilia– que a veces las apuestas de allí, de la capital federal, superaban a las que se hacían en todo el resto del país.

GABRIELA.— ¿Los datos los proporcionó el mismo Alves?

ELIZABETH.— Fueron saliendo en la investigación. Y cuando le pedían explicaciones, el bueno de João se encogía de hombros. "Dios me ayudó", decía. "Siempre he sido un hombre de suerte."

GUTO.— El tipo era un zorro.

ELIZABETH.— Un *malandro* de altura.

MANOLO.— Tengo un temor, Elizabeth… La historia es apasionante, pero se te puede escapar de las manos. ¿Conoces el dicho: "Quien mucho abarca poco aprieta"?

ELIZABETH.— Pues todavía no ha hecho más que empezar... En realidad, yo imagino la película como dos historias paralelas: la detectivesca, por un lado, y la política, por el otro. Pero entrelazadas.

GABRIELA.— Está claro que la historia contiene esos dos ingredientes.

ELIZABETH.— Hacía años que un político de la izquierda, miembro del Partido de los Trabajadores, venía insistiendo en la necesidad de investigar las actividades de la Comisión de Presupuestos. Y finalmente lo consiguió. Los miembros de la Comisión empezaron a ser investigados.

GUTO.— Gracias a la denuncia de José Carlos.

ELIZABETH.— Bueno, yo creo sinceramente que José Carlos nunca se imaginó que iba a destapar la caja de Pandora de la corrupción política. Y como sucede a menudo, él resultó ser uno de los más perjudicados, porque la policía empezó a hurgar en su vida privada y descubrió cosas muy desagradables.

GUTO.— El efecto bumerán.

ELIZABETH.— José Carlos era un sátiro. Poseía una *garçonnière* donde llevaba a cabo sus hazañas eróticas. Tenía una libreta de teléfonos con ciento setenta números de mujeres, y guardaba más de treinta cintas de vídeos pornográficos, en algunas de las cuales el protagonista era él. En una, por ejemplo, mostraba que podía mantener su pene erecto durante cerca de una hora: cincuenta y un minutos ininterrumpidos, para ser exactos. El escándalo fue mayúsculo. La "noticia" ocupó la primera plana de los periódicos.

GABO.— No era para menos.

MANOLO.— ¿Y qué hacía ese hombre como funcionario del Gobierno, desperdiciando así su talento?

ELIZABETH.— Lo que no se advirtió entonces fue que el escándalo de la prensa, explotando el lado morboso del asunto, desviaba la atención y hacía pasar a un segundo plano lo más importante. Los periodistas presentaban a José Carlos como un depravado, un sádico, un pervertido, un tipo execrable que debía ser expuesto al escarnio público.

GUTO.— El abominable hombre del vídeo. ¡A la picota con él!

ELIZABETH.— Por una parte era el clásico funcionario venal, por la otra el erotómano, y por la otra, un sospechoso de haber matado a su mujer...

GABRIELA.— Tenía todo lo necesario para convertirse en favorito de los medios masivos.

ELIZABETH.— Y entonces, los politiqueros involucrados en el escándalo de corrupción batieron palmas. "¿Cómo vamos a creerle a un hombre de esa calaña?", decían. "¿Qué crédito nos merecen las declaraciones de ese *malandro*?"

GUTO.— Los políticos trataban de echarle tierra al asunto.

ELIZABETH.— Bien mirado, ¿qué era aquel escándalo, sino una cortina de humo? ¡Cuarenta diputados llenándose los bolsillos durante años, a costa del presupuesto de la nación, y la prensa hablando de perversiones sexuales...!

GUTO.— Los implicados estaban felices.

ELIZABETH.— Pero la felicidad les duró poco, porque un día la policía descubrió, en los archivos de una importante *empreiteira*...

GABRIELA.— ...una empresa constructora...

ELIZABETH.— ...ciertos documentos que demostraban que los legisladores sobornados eran más de cien. La indignación pública creció. Fue creándose un clima tenso, explosivo; no se descartaba la posibilidad de un golpe de estado.

GABRIELA.— Si el propósito era desestabilizar al Gobierno...

ELIZABETH.— Los miembros de la Comisión Investigadora no quisieron, o no pudieron, llevar las cosas hasta sus últimas consecuencias... Eximieron de responsabilidad penal tanto a los intermediarios como a los posibles cómplices e inculparon únicamente a los cincuenta legisladores más directamente comprometidos en el asunto.

GABO.— Ése debe ser el momento en que las historias paralelas se anudan, ¿no es así?

ELIZABETH.— Así mismo. Y cuando parecía que el escándalo no podía ser más escandaloso, entra en escena el excelentísimo señor Presidente de la Cámara. Estaba entre los cincuenta inculpados, pero casi todo el mundo pensaba que era inocente: una persona tan honesta, tan por encima de toda sospecha, que fue quien recibió el encargo oficial de conducir el *impedimento*...

GUTO.— El proceso judicial que culminó con la destitución de Collor de Mello.

ELIZABETH.— Para ser justa debo reconocer que este hombre, al lado de João Alves, era un aficionado: sólo se había apropiado indebidamente de dos millones de dólares. Y cuando el escándalo llegó a este punto, cuando ya nadie creía en nadie ni se asombraba de nada... ¡la policía encontró el cadáver de la mujer de José Carlos!

GABO.— Apareció la desaparecida.

MANOLO.— ¿Casualmente?

ELIZABETH.— Habían detenido a un detective privado y el detective contó que José Carlos lo había contratado para seguir a su amante.

GABRIELA.— ¿La amante de José Carlos? ¿La que tenía treinta años menos que él?

ELIZABETH.— Había sido alumna suya en la universidad, donde al perecer José Carlos la sedujo, y por lo visto desconfiaba de ella.

GABRIELA.— Desconfiaba de sí mismo. A pesar de sus dotes naturales, treinta años son treinta años.

ELIZABETH.— El detective confiesa que meses después de haber sido contratado para seguir a la joven, José Carlos lo llama y le encomienda una tarea más difícil: matar a su mujer.

MANOLO.— Y él acepta.

ELIZABETH.— Previo pago de trescientos mil dólares. Y se busca un socio para que lo ayude. De común acuerdo, ejecutan el plan la noche en que José Carlos sale a cenar con su mujer...

GABRIELA.— ...para reconciliarse con ella. ¡Qué cinismo, Dios mío!

GUTO.— Todo eso lo cuenta el detective.

ELIZABETH.— Se siente perdido cuando la policía da con él. Y confiesa que él y su socio mataron a la mujer y echaron el cuerpo en una cueva. Parece que no estaba muerta todavía.

GUTO.— Lo que faltaba: ¡la enterraron viva!

ELIZABETH.— Cuando todo esto se sabe, el escándalo llega a su clímax... Hasta entonces, a los ojos del público, José

Carlos tenía el dudoso mérito –casi puede decirse el atenuante– de ser el único culpable convicto y confeso en aquella caterva de delincuentes, pero ahora se pone de manifiesto que es un monstruo: confesó el delito de corrupción sólo para encubrir el asesinato de su mujer.

GUTO.— Un crimen del que él era el autor intelectual.

ELIZABETH.— ¡Imagínense ustedes: hacer que maten a sangre fría a la madre de sus hijos, a la mujer con la que convivió y se acostó durante más de veinte años...! Ante semejante monstruosidad, el crimen de los diputados parecía un delito menor.

GABRIELA.— Tal como tú lo ves, ¿la historia sigue desarrollándose en dos acciones paralelas?

ELIZABETH.— Sí. Por un lado, la investigación de la mujer desaparecida, y por el otro, la que realiza la comisión parlamentaria para depurar responsabilidades.

GABRIELA.— Nos dijiste que la comisión había exonerado de culpa a la mayoría de los diputados.

ELIZABETH.— Al terminar su investigación sólo quedaron dieciocho como presuntos culpables. Y en este momento, únicamente seis de ellos han sido separados de sus cargos. Todos están en libertad. Todos, excepto el muy ilustre don José Carlos Alves dos Santos. ¿Qué les parece? Ésta es la historia que quiero contar.

GABO.— La verídica historia de un hombre execrable.

ELIZABETH.— Los demonios andaban sueltos en Brasilia y él fue una de sus víctimas... Si no, ¿cómo se explica que un hombre común llegue a creer que todo, hasta el crimen más horrendo, le está permitido...?

GUTO.— Pero ésa es otra historia, Elizabeth. No es la del hombre que para desinformar, para encubrir un crimen mayor...

ELIZABETH.— Espera. No me expresé bien. Desde el momento en que José Carlos recibe la primera maleta, cree que puede hacerlo todo, comprarlo todo, pisotear todos los principios... Está poseído por el demonio del poder. Ése es un posible esquema de su evolución, el núcleo de su desarrollo dramático... Pero *no* es la historia que quiero contar. Es más, yo creo que la verdadera historia –la "verídica" historia, como dice Gabo– no es la de José Carlos como autor o promotor de un crimen, sino como *cómplice* del asesinato de su mujer.

GUTO.— ¿Qué?

ELIZABETH.— Lo que oyen. Una de las personas involucradas en su denuncia –un tipo poderosísimo, ex ministro del gobierno de Collor, llamado Ricardo– conversa en determinado momento con José Carlos sobre su crisis matrimonial y le dice...

GABRIELA.— ¿Sobre la crisis matrimonial de José Carlos?

ELIZABETH.— ...y según él mismo, le dice –o le advierte, más bien–: "Ten cuidado en las relaciones con tu mujer. Sabe *demasiadas* cosas. No te puedes pelear con ella, sin más".

GABRIELA.— Lo único que podía *saber* era lo de las maletas, lo de los dólares...

ELIZABETH.— Saquen ustedes sus conclusiones... Yo me pregunto: ¿Y si la mujer entró en crisis y, desesperada, amenazó con contarlo todo? En ese caso, era lógico que surgiera la idea de eliminarla. El falso intento de reconciliación, el simulacro de secuestro, la exigencia del rescate... todo eso pudo haber sido planeado cuidadosamente. Pero entonces, ¿qué nos impide suponer que a José Carlos sus propios compinches le dieran dólares falsos para incriminarlo cuando él le entregara a la policía el supuesto rescate?

MANOLO.— Has pensado en todo.

GABRIELA.— También pueden haberle puesto el dinero debajo del colchón...

ELIZABETH.— Cuando la policía hace el registro, ya conocía la existencia de los billetes falsos: los había encontrado junto con el dinero del rescate. En la cárcel, José Carlos va atando cabos y se da cuenta de que ha sido víctima de una traición, e incluso de una conspiración... Y es entonces cuando decide hablar, o –como le dice a su hija– "hacer catarsis".

GUTO.— Son conjeturas, desde luego.

GABRIELA.— Un ingrediente sin el cual tampoco hay *thrillers* ni novelas policiacas.

ELIZABETH.— Estoy tratando de hallar la lógica interna de los sucesos.

GUTO.— Sería interesante colocarse en el pellejo de José Carlos. Debe de haber sido terrible para él descubrir la maniobra.

ELIZABETH.— En ese momento tenía que haberse percatado de que corría peligro. Y de que sus hijos corrían peligro también. Es más, creo que José Carlos no dijo todo lo que sabía, por temor a las represalias.

GABRIELA.— ¡Qué horror! Pensar que todavía podían chantajearlo o eliminarlo a él mismo en la cárcel...

ELIZABETH.— De hecho, cuando se descubre el cadáver de su mujer, él intenta suicidarse, pero no lo consigue.

GUTO.— ¿Y aquello que nos dijiste, que había tratado de encontrar a su esposa con la ayuda de Chico Xavier?

ELIZABETH.— ¿Tú conoces a Chico Xavier?

GUTO.— Sí. Es un santón, ¿no?, con fama de adivino...

GABO.— ¡Ah, esos santones brasileños también son únicos en el mundo! Fuera de la India, quiero decir.

ELIZABETH.— Más de una vez he pensado que la historia –la película– podría empezar con la visita de José Carlos a Chico Xavier. José Carlos logra que el santo lo reciba gracias a las gestiones de un amigo –un funcionario del senado federal de Brasilia– cuya madre se brinda para llevarlo a Minas. Porque no es fácil ser recibido por Chico Xavier. Es más, una vez en Minas, y antes de llegar a él, José Carlos debe "purificarse", recorrer un camino espiritual que en ese caso incluyó, por ejemplo, una peregrinación al convento de las carmelitas... Y cuando entra a la sala donde lo espera Chico Xavier, con otras ocho personas sentadas alrededor de una mesa, su madrina lo presenta y el santo, en lugar de dirigirse a él, se vuelve hacia la mujer que tiene al lado y empieza a contar una historia terrible: cómo la hija de esa mujer había sido asesinada por su marido. Y cuando José Carlos lo oye, se echa a llorar. Y Chico Xavier dice: "Si hay entre nosotros alguien que está sufriendo mucho, es este hombre. No hay aquí dolor más grande que el suyo." Y no añadió una palabra más.

GABO.— Elizabeth, tienes una historia completa, inventada por la vida. La vida no necesita venir a los talleres para armar sus historias. Tu problema ahora es cómo adaptar ese material al cine.

ELIZABETH.— Cómo *adaptarlo* a todo... Pienso escribir un libro también.

MANOLO.— Hay detalles que resultan incomprensibles... ¿Por qué a José Carlos le mandaron dinero falso para inculparlo? Él no podía dejar de advertir la maniobra.

GABO.— Sí, sus compinches corrían el riesgo de que él, al darse cuenta de lo que ocurría, los delatara. Podía decir inclusive que lo amenazaron con matar a su mujer.

MANOLO.— Si hubieran venido al taller habrían encontrado una manera más inteligente de inculparlo.

GABO.— A él lo chantajean, amenazándolo con revelar lo de su mujer.

ELIZABETH.— Sé que todavía quedan piezas sueltas en ese engranaje.

GABO.— ¿Qué te preocupa, Elizabeth? La historia está ahí. Y da gusto oírtela contar.

ELIZABETH.— Pero, ¿cómo convertirla en guión?

GABO.— Lo único que necesitas es una buena estructura. Una estructura que te permita contarla en noventa minutos.

ELIZABETH.— Precisamente. Necesito saber cómo contar el cuento.

GABO.— Te repito: ya lo contaste, y muy bien contado.

ELIZABETH.— No puedo dejar de imaginarlo como una mezcla de documental y ficción.

GABO.— Bien. Pero el argumento ya está ahí. Ahora el problema que tienes es un problema técnico. ¿No has pensado que la acción podría desarrollarse de manera casi lineal, tal como la contaste?

ELIZABETH.— He imaginado otras estructuras. Por ejemplo, comenzar con la visita a Chico Xavier, como ya dije, o en un cementerio, con la imagen de un ataúd que desciende a la fosa.

GABO.— Ésa es una buena imagen para empezar. Mientras se entierra un cuerpo, se desentierra un caso.

GABRIELA.— *Twin Peaks*. Ya encontraste el camino, Elizabeth.

GABO.— Pensemos en *Casablanca*. Hay un tipo que tiene un bar en Casablanca. Llega un hombre impecablemente vestido y acompañado por una hermosa mujer... No se dice nada, pero uno siente que están colocados ante una situación terrible. Y luego descubrimos que esa gente se había conocido en el Metro de París, precisamente el día que entraron los nazis... Esas historias que empiezan casi por el final tienen una ventaja: uno puede prescindir de los detalles y concentrarse en lo esencial.

GUTO.— Yo empezaría con la cena.

ELIZABETH.— ¿La de José Carlos con su mujer?

GUTO.— Sí, la *última* cena. A partir de ahí se iría descubriendo lo demás. El espectador viviría el proceso, en la película, como lo vivió la opinión pública en la realidad.

ELIZABETH.— El problema es que hay *dos* versiones de la cena: la de José Carlos y la de los tipos que mataron a la mujer.

GABO.— En *Rashomon*, la película de Kurosawa, se dan *cuatro* versiones de un hecho... Pero lo que habría que esclarecer en tu caso es cuál de las dos versiones es la verdadera.

GUTO.— Yo insisto: al espectador debe llegarle la información como le fue llegando al público.

GABRIELA.— Entonces Elizabeth tendría que asumir de entrada el punto de vista del marido.

GUTO.— Correcto. Un marido desesperado trata de encontrar a su mujer, que ha sido víctima de un secuestro, etcétera.

GABRIELA.— Pero tú, Elizabeth, ¿estarías de acuerdo en tomar partido? Por él, quiero decir...

GUTO.— Lo *tiene* que tomar, quiera o no quiera. Desde el momento en que decida cómo va a contar la historia, ya toma partido.

GABO.— Tú afrontas el mismo problema que tuvo Oliver Stone en *J.F.K.* con el asesinato de Kennedy. Existía un expediente voluminoso, el llamado Informe Warren, que decía que las cosas ocurrieron *así*... Stone toma los datos de Warren para demostrar, o para insinuar, que las cosas no ocurrieron *así*, sino *asao*... Por ejemplo, que no hubo un solo asesino, sino tres...

ELIZABETH.— El problema es saber dónde termina el documental y dónde comienza la ficción. Para explicarme lo ocurrido yo he tenido que hacer conjeturas, como decía Guto... Lo que digo no es producto de una investigación rigurosa.

GABO.— Lo que se sabe es tan impresionante que no necesita ninguna manipulación.

ELIZABETH.— No, yo no quiero manipular...

GABO.— He usado la palabra sin ninguna connotación ética. Como sinónimo de cambio, simplemente.

ELIZABETH.— Yo entrevisté a José Carlos en la prisión, en Brasilia... Y hablé con su hija...

GABO.— ¡Ah, esa película es mejor todavía! Sigue, sigue...

ELIZABETH.— Al principio, lo único que yo quería era averiguar cómo se corrompen los políticos y funcionarios brasileños. Pero después me di cuenta de que mis preocupaciones iban más allá. Yo quería responderme la pregunta: ¿Cuáles son los caminos que conducen a un hombre a la degradación moral? Porque ahí tenía un verdadero *caso*: un hombre de origen humilde, nacido en un pueblito del interior, que no conoció a su padre y fue criado por su madre con muchos sacrificios, que logró trasladarse a Brasilia con el fin de estudiar, que ganó unas oposiciones y empezó a trabajar en el Senado para costear sus estudios, que con el tiempo fue ascendiendo hasta ocupar altas posiciones –tanto en el Senado como en la Universidad–, que se casó con una mujer bella e inteligente, que tuvo hijos... y que un buen día, sin esperarlo, recibió un maletín lleno de dólares.

GABO.— Pero al entrevistarlo, ¿creíste por un momento que él iba a contarte la verdad, que iba a comprometerse más todavía?

ELIZABETH.— Ya él no tenía nada que perder. Era el único encarcelado; debía suponer que de allí no salía...

GABO.— Pero si llegaba a saberse *toda* la verdad...

GABRIELA.— Y además, Elizabeth, él *sí* tenía cosas que perder. Por lo pronto, su familia...

ELIZABETH.— Es que había una serie de contradicciones... Y él era el único...

GABO.— ¿Acaso esas contradicciones no lo beneficiaban? A lo mejor él mismo las había creado, para despistar.

ELIZABETH.— No eran cosas que dependieran de él, únicamente. Los dos tipos, el detective y su socio, los que mataron a la mujer, también se contradecían entre sí.

GABO.— Tengo una duda: ¿ya José Carlos fue juzgado?

ELIZABETH.— Todavía no.

GUTO.— ¿Todavía no lo han condenado?

GABO.— Ésta es una verdadera *work in progress*...

ELIZABETH.— Al entrevistarlo, le puse las cartas sobre la mesa. Le dije que quería escribir un libro sobre el caso. Él me expresó su temor de que el libro pudiera ser utilizado contra él en el juicio. Le aclaré que no, que el juicio también debía formar parte del libro..., lo que es absolutamente cierto: yo imagino el juicio como una parte importante de esta historia.

GABO.— Él temía que fueras a publicar sus declaraciones antes.

ELIZABETH.— Sí. Yo le había dicho: "Si voy a escribir un libro contando su historia, usted tiene que ser uno de los testimoniantes".

GABO.— Porque a ti no sólo te interesa la verdad del caso sino también la verdad del hombre. Que puede ser una mentira, por supuesto.

ELIZABETH.— Así es. Lo que no puedo hacer es escribir un libro sobre él *sin* él.

GABO.— ¿Y por qué este hombre iba a creerte, Elizabeth? ¿Por qué iba a confesarse contigo, incluso antes del juicio? ¿Qué garantía podía tener él de que tú no fueras informante de la policía o agente de sus enemigos?

ELIZABETH.— Yo no quiero hacerme ilusiones, pero tengo la intuición, la corazonada, de que José Carlos va a hablar conmigo.

GABO.— Pero después que lo juzguen, cuando haya una verdad establecida ante los tribunales, ¿qué interés puede tener él en contarte a ti la verdadera historia? Todo lo que pueda favorecerlo lo habrá dicho en el juicio, y lo que no haya dicho, por considerar que podía perjudicarlo, ¿por qué te lo va a decir a ti?

ELIZABETH.— Por eso insisto en lo de la ficción. Hay lagunas que no podrían llenarse de otra manera. Por cierto, también a la hija de José Carlos le ha pasado por la cabeza escribir un libro...

GUTO.— ¿Qué edad tiene ella?

ELIZABETH.— Veintidós años.

GUTO.— Todavía le faltan muchas horas de vuelo...

GABO.— En ficción puedes hacer lo que quieras, Elizabeth, siempre que tengas el cuidado de cambiar los nombres. De lo contrario podrían ponerte una demanda por difamación, o algo peor.

GUTO.— Y no olvides aclarar que "cualquier parecido con personajes o sucesos reales..."

GABO.— Me he quedado pensando: ¿Cuál será la versión de los hechos que prevalecerá en el juicio? Yo creía que ya el juicio se había celebrado, pero resulta que no; a la tragedia todavía le falta el último acto. Porque sea cual sea la película que hagas, tiene que terminar con el juicio. Y mientras no haya juicio...

ELIZABETH.— Bien mirado, terminará con *dos* juicios, porque el trabajo de la Comisión Investigadora equivale a otro juicio. José Carlos, que destapa el fenómeno de la corrupción entre los diputados, va a la cárcel; los culpables, que debían ser separados de sus cargos, salen absueltos...

GABO.— Ésa es la historia de ficción. Pero tu libro ¿cómo terminaría? ¿Los condenarías a todos?

ELIZABETH.— Por supuesto.

GABO.— Ten en cuenta que si escribes un relato de ficción sin conocer el resultado de los juicios, no te será fácil decir: yo los condeno de antemano, aunque los tribunales los absuelvan.

ELIZABETH.— En la ficción yo podría hacer que dos de los diputados –personajes imaginarios, por supuesto–, estuvieran involucrados en el asesinato de la mujer.

GABO.— Pero todo el mundo en Brasil reconocería la historia.

ELIZABETH.— ¿Y eso qué cambiaría?

GABO.— Por lo pronto, ¿cómo ibas a terminarla? Sea cual sea el resultado del juicio –o de los juicios–, no tiene por qué coincidir con tus conclusiones. Suponte que el tribunal los absuelve; ¿te atreverías a terminar el libro diciendo: "Los delincuentes fueron absueltos, pero eso no hace más que demostrar el nivel de corrupción a que han llegado los propios tribunales?" Ésa sería otra historia, por lo demás.

ELIZABETH.— El libro debe atenerse a los hechos, hasta donde yo sea capaz de averiguarlos. En el libro no cabrían los elementos de ficción. No es *El Chacal* lo que quiero escribir..., salvando las distancias.

GABO.— Por momentos uno piensa que lo que te propones es denunciar un fenómeno, el de la corrupción. Pero has dicho que lo que quieres es contar cómo se hace un corrupto.

ELIZABETH.— Hay un libro de Norman Mailer, una especie de reportaje periodístico...

GABO.— Mailer es un gran periodista.

ELIZABETH.— Se tradujo como *A canção do carrasco*.

GABO.— *La canción del verdugo*.

ELIZABETH.— Una historia impresionante, con un estupendo trabajo de investigación.

MÓNICA.— Ahí la relación con el preso es decisiva.

ELIZABETH.— Y termina con la muerte.

GABO.— Pero tú, si escribieras antes del juicio, quedarías a merced de la realidad.

ELIZABETH.— Tengo eso muy claro. Para mí, sin juicio no hay libro. El juicio es parte inseparable del libro. Pero estamos hablando de un guión, ¿no? ¿Por qué con esta historia tan rica, tan dramática, no va a poder hacerse una película?

GABRIELA.— Nadie ha dicho eso. Lo que pasa es que uno siente que aquí la ficción sólo serviría para llenar las lagunas. ¿No fue eso lo que tú misma dijiste? Donde no haya hechos, pruebas, documentos, confesiones... ¡inventa!

ELIZABETH.— Lo admito.

GABRIELA.— Entonces tendrás que admitir también que manipularás la realidad. Y lo digo en el *mal* sentido de la palabra.

GABO.— ¿Por qué no reinventas la historia completa?

GABRIELA.— Me gusta eso: un cóctel donde se mezclen datos, anécdotas, conjeturas...

ELIZABETH.— No puedo. Estoy prisionera de esa realidad.

MANOLO.— Como lo estaba Forsyth, a su modo.

MÓNICA.— A mí me gustó lo de las dos líneas que se encuentran: te buscan por un delito y te atrapan por otro. Me encanta ese equívoco. Resulta que yo cometo un crimen horrendo y días después, en un supermercado, me atrapan robándome una botella de ron. El interrogatorio sobre el robo conduce, casualmente, a la sospecha sobre el crimen. ¿Se quiere un suspenso mejor?

GABO.— Vamos a ver. Tú tienes dos versiones completas, Elizabeth: la de los periódicos y la tuya. Si las comparas sólo hallarás una diferencia importante, el eslabón que muestra al tipo como instrumento, como *cómplice* de la muerte de su esposa. Ahora bien, lo que a ti te interesa es convertir las dos historias en una, porque en este caso la muerte parece estar estrechamente vinculada al fenómeno de la corrupción administrativa. La gran pregunta es: ¿Por qué tenía el tipo que matar o aceptar que mataran a su mujer?

GABRIELA.— Me pareció entender que era para evitar que hablara.

MÓNICA.–¿Y no había otra manera de evitarlo?

ELIZABETH.— Un momento. Ya la relación entre ellos venía deteriorándose desde hacía tiempo. Recuerden que José Carlos tenía una amante. Recuerden los vídeos eróticos. Recuerden la lista de mujeres, ciento setenta amiguitas con sus respectivos números de teléfono...

GABO.— Me había olvidado del harén.

ELIZABETH.— La amante, su ex alumna, también aparecía en los vídeos.

MANOLO.— Era un nuevo tipo de cine didáctico.

ELIZABETH.— Yo diría que pasó lo de siempre, un proceso de deterioro gradual. José Carlos fue perdiéndose, alejándose cada vez más de sí mismo. Eso es lo que me parece fascinante en esta historia: cómo alguien, casi sin darse cuenta, puede ir perdiendo sus referencias, sus vínculos, sus principios, hasta el punto de llegar a convertirse en otro. Hacía más de quince años que José Carlos no iba a su pueblo natal, a ver a su familia. Era como si renegara de su pasado para entrar sin ataduras

53

a otro mundo, un mundo en el que siempre caminaría sobre una alfombra roja, con toda Brasilia a sus pies.

GABO.— Ahí tienes un excelente documental sobre la vida de un tipo que acaba siendo víctima de la realidad. Pero tú, guionista, ¿no tendrías que preguntarte cómo escapar de esa realidad? Porque si quieres permanecer dentro de ella, ¿para qué hacer una película? Haz una biografía del tipo y ya.

ELIZABETH.— Yo no creo que las personas sean "víctimas de la realidad".

GABO.— Retiro la frase.

GABRIELA.— Quizás sea una manera de decir que uno no logra separar a las personas del contexto en que se mueven. Tú misma, Elizabeth, estás casada con tus datos. Ves a José Carlos como el prototipo del hombre que se corrompe, pero en cualquiera de nuestros países abundan los politiqueros corrompidos, sobre los que podrían hacerse historias similares...

ELIZABETH.— Por eso he venido aquí. Para pedir ayuda.

GABO.— Sólo podríamos ayudarte tratando de construir *otra* realidad. Pero, ¿quién garantiza que va a ser más interesante que la real?

GUTO.— O hacés un documental, Elizabeth, o ficcionás todo, de principio a fin.

MANOLO.— Contando no lo que sucedió, como diría el viejo Aristóteles, sino lo que pudo haber sucedido.

GABO.— Si yo tuviera que buscar el género más apropiado para contar esa historia, escogería el reportaje. Ese material da para un excelente reportaje. Así trabajaron Capote en *A sangre fría* y Mailer en *La canción del verdugo*, para citar sólo dos casos: apelando a las técnicas del reportaje. Yo mismo estoy haciendo algo similar ahora, escribiendo un reportaje donde todo, línea por línea, responde a la realidad. El valor de eso estriba, justamente, en que nada es "inventado". Ahora bien, tú podrías trabajar con un híbrido, Elizabeth, con un "falso reportaje", por llamarlo de alguna manera... ¿Acaso *A sangre fría* no es una "novela no ficticia" y *Biografía de un cimarrón*, de Barnet, una "novela-testimonio"? En tu falso reportaje podrías contar mil cosas, unas verificables y otras no, pero lo que *no* podrías hacer es decir, por ejemplo, que el tipo hizo matar a su mujer. Porque él no ha confesado, ¿no es cierto?

ELIZABETH.— ¡No! ¡Él lo niega categóricamente! Y su hija me ha dicho que ella está preparándose para convivir con esa duda por el resto de sus días...

GABRIELA.— Pero en el fondo ella no puede creerlo.

ELIZABETH.— Se le hace muy difícil aceptar que su padre haya sido capaz de una monstruosidad semejante. Y él jura y perjura que no la mató.

MÓNICA.— En sus declaraciones, ¿mantiene una actitud coherente?

ELIZABETH.— Jamás se contradice. Cuenta siempre la misma historia, sin cambiar una coma.

MANOLO.— Habrá ensayado mil veces.

GABRIELA.— Se la aprendió de memoria.

ELIZABETH.— Lo único que puedo asegurar es que él la cree.

GUTO.— *Necesita* creerla.

GABO.— ¿Y si fuera verdad? Vamos a otorgarle por un momento el beneficio de la duda. Dinos, Elizabeth: ¿qué es exactamente lo que él cuenta?

ELIZABETH.— Que después de cenar, él y su mujer montaron en su coche, tomaron por la carretera y en determinado momento vieron que se les acercaba otro coche, desde el que le gritaban que la llanta se estaba desinflando. José Carlos detuvo el coche, bajó a revisar la llanta, y ahí mismo el otro coche, que se había mantenido a una distancia prudencial, hizo un giro y le cerró el paso. Vieron que bajaban dos hombres armados. Uno lo encañonó a él y el otro arrastró a su mujer y la metió a empujones en el asiento trasero del otro coche. A él lo encerraron en el portamaletas, en la cajuela del suyo, y le dijeron: "No te muevas". Cuando él sintió que el otro coche se alejaba, se las arregló para salir y vio que las llaves de su coche habían quedado puestas en el llavín de la cajuela. Entró, notó que le habían robado la casetera, y se dirigió a su casa. En el camino pasó frente a una comisaría pero no se detuvo a reportar el secuestro. Siguió de largo. Horas después, desde su casa, por la madrugada, le telefoneó a un amigo que ocupaba un alto cargo en la Policía de Brasilia. Luego llamó a su hija. Obviamente, no se condujo como un hombre desesperado.

GUTO.— No se puede afirmar nada. Pudieron haberle dado el dinero falso con el fin de que pagara el rescate y la policía tuviera un pretexto para encarcelarlo, y al mismo tiempo pudieron secuestrarle a la mujer, tal como él cuenta, con el fin de eliminarla para que no hablara.

MANOLO.— Cierto. No se puede descartar sin más esa posibilidad.

GUTO.— Si él es inocente, tiene que haber sufrido un *shock* tremendo, de manera que al pasar por el puesto de la policía, no atinó a bajarse y hacer la denuncia. O pudo haberse dicho: "¿Por qué voy a pasar la noche ahí, en los trámites de la denuncia, si tengo un amigo influyente que puede darme una mano?"

GABRIELA.— Si uno está metido en algo sucio –y él lo estaba–, no basta con que venga un cuate a ayudarte. Uno sabe que tiene enemigos poderosos, que están vigilando. El amigo, por casualidad, ¿también estaba involucrado en el escándalo del presupuesto?

ELIZABETH.— No. Era un hombre que giraba en otra órbita.

GABRIELA.— En otra órbita... Como nosotros.

ELIZABETH.— Estoy tensa... ¿Se puede fumar aquí?

GABO.— No. Todavía nos queda una hora de trabajo y no conviene que esto se nos llene de gases tóxicos. Podemos hacer un alto, si quieren, para que los fumadores salgan afuera a suicidarse.

MANOLO.— ¿No se podría abrir la puerta, para que circule el aire?

GABO.— No, porque se nos va el ángel. No se trata de un problema de higiene o de moral, sino de mantener al ángel sentado aquí, junto a nosotros, el mayor tiempo posible.

Las tácticas del culebrón

GABO.— Tú, Gabriela, trabajas para la televisión mexicana. Haces telenovelas, ¿no?

GABRIELA.— Sí. He escrito algunas cosas originales y también he hecho adaptaciones. Caí por casualidad en la adaptación de *Simplemente María*, la versión mexicana, y allí tuve una experiencia curiosa. Como habíamos terminado la historia muy rápido y el *rating* no dejaba de aumentar, tuvimos que añadir cien capítulos para complacer a la audiencia.

GABO.— Increíble, ¿no?, que de acuerdo con lo que va indicando el *rating* los personajes crezcan, desaparezcan, mueran y resuciten...

GABRIELA.— Uno tiene que trabajar bajo presión, porque siempre está "en el aire", tanto en sentido literal como figurado.

GABO.— En el más grande de los culebrones radiales, *El derecho de nacer*, de Félix B. Caignet, había un personaje llamado don Rafael del Junco cuyo actor, al ver cómo subía el *rating* de la novela, exigió un aumento de sueldo. Y Caignet, que no estaba dispuesto a dejarse presionar, le hizo perder la voz, es decir, dejó al personaje afásico. Y como el personaje poseía un gran secreto, la gran pregunta de los radioescuchas era: ¿cuándo hablará don Rafael del Junco? Bueno, la cosa duró hasta que se pusieron de acuerdo sobre la cuestión del salario. Por cierto, creo que fue Caignet el que mejor definió la estética del culebrón cuando dijo que él atribuía su éxito a sus propias virtudes lacrimosas. "Parto de la base de que la gente quiere llorar", dijo. "Yo me limito a darles el pretexto".

MANOLO.— Usted habló alguna vez de la cantidad de metros cúbicos de lágrimas que se habían derramado en Bogotá con *El derecho de nacer*.

GABO.— No me atrevo a calcular los que se derramaron en América Latina, primero con la radionovela y después con las películas.

MÓNICA.— Yo, en la televisión colombiana, he tenido experiencias similares a la de Gabriela.

GABO.— Ustedes son las dos grandes noveleras del taller, así que sería interesante que compartieran con nosotros esas experiencias. Es estupendo poder escribir así, eliminando un personaje y reforzando otro porque el público lo pide... A ustedes, cuando hacen eso, ¿no les da pena, no les queda nada por dentro? Porque hay telenoveleros que se avergüenzan del oficio, lo que para mí es un gran error, porque se trata de un oficio sensacional, que da la posibilidad de ir contando historias, cocinando la realidad, poniendo a trabajar la imaginación bajo el dictado directo del público. Uno escribe un libro y se queda esperando a ver qué pasa, pero sabiendo que lo escrito, escrito está, y ya no tiene remedio. "No me gustó que Fulanita haya muerto", dice un lector. Ah, lo siento mucho, pero ya yo no puedo resucitarla. En la telenovela, en cambio, usted corre a devolverle la vida, porque no había muerto en realidad, había sido un *shock*, estaba en estado de coma...; y todo el mundo feliz y contento. Fulanita vuelve a la vida porque el 62 por ciento de la teleaudiencia decidió resucitarla. ¡Qué maravilla!

MÓNICA.— Ésa fue una característica del medio que me entusiasmó, cuando ingresé a un curso de libretistas de televisión que dirigía Bernardo Romero. Había que ir tejiendo una historia semana tras semana, mes tras mes, a partir de un eje con mil ramificaciones, porque cuando uno tiene por delante doscientos capítulos, a la imaginación no le queda más remedio que ponerse a trabajar.

GABRIELA.— Yo entré al medio por producción. Era asistenta del asistente del asistente. En realidad, estudié antropología y después hice una maestría en Comunicación. Al cabo del tiempo me hicieron coordinadora pero yo lo que siempre quise fue escribir.

GABO.— Yo tuve un momento, allá por los años cincuenta, en que me fui a Roma decidido a convertirme en director. Director de cine, se entiende, porque en esa época la televisión no contaba. Hay que reconocer que el oficio de director es uno de los más esforzados y difíciles del mundo. No sólo porque se trata de alguien que debe expresarse a través de un medio tan complejo, sino por las condiciones en que hay que trabajar: un *set* lleno de gente, de equipos y de luces, con un calor insoportable y bajo la estricta vigilancia del productor, que no suelta el látigo porque cada demora o cada minuto extra de filmación le cuesta un ojo de la cara. Cuando el productor trae un caballo negro porque no pudo conseguir el caballo blanco que pedía el director, y éste se empeña en que lo busque, el productor piensa: "¿Qué se habrá creído este maricón?, ¿que le traje uno negro porque me salía más barato que el blanco? ¿Creerá que vamos a parar la filmación por un capricho suyo?" En fin, hacer cine es una lucha constante. Y a veces la prueba de un milagro, porque como medio de expresión una película puede ser algo tan íntimo, tan personal —sobran los directores y las obras que lo demuestran—, que podría parecer escrita a mano, en el rincón más tranquilo del mundo..., y sin embargo, ¡que vorágine, qué locura! Así que cuando fui al Centro Sperimentale di Cinematografia, en Roma, y vi los recursos que se necesitaban para hacer cine —además de los financieros, quiero decir: todo aquel aparataje industrial, técnico, comercial...–, me dije: "¡Puta!, ¡qué bueno que tengo mi maquinita de escribir!"..., y me agarré a ella como el náufrago a la tabla, y me sentí feliz de saber que, para cumplir su función, no necesitaba más que cinta y papel. Pero el gusanito del cine me quedó adentro. Por eso estoy aquí. Por eso fundo escuelas y organizo talleres.

MÓNICA.— Yo descubrí muy temprano mi vocación. Lo que usted contó el primer día sobre su mamá, Gabo, me recordó a mi propia familia. Parte de ella es de Popayán, un pueblo pequeño y muy tradicionalista. Varios miembros de mi familia, especialmente mi abuela, tenían la costumbre de contar cuentos de todo tipo, sin aclarar si eran "de verdad" o "de mentira". Recuerdo momentos muy felices de mi vida de niña, echada en el piso de baldosas rojas, escuchando hablar a mi abuela de una sirvienta suya –una negra espiritista– que por las noches despedía llamaradas azules que sobrepasaban las hojas de los plátanos. Nunca nadie aclaró si eso era verdad o fantasía.

GABO.— Los niños se acostumbran a convivir con personajes inventados por ellos. No hay nada más solitario en este mundo que un niño solo en una casa. Como los adultos no lo acompañan, él se inventa sus fantasmas y convive con ellos. Después, en la escuela, se las arreglan para extirparle ese mecanismo, a lo que contribuyen los padres, aunque por suerte las abuelas mantienen viva la llamita.

MÓNICA.— La otra cosa en Popayán es que los muertos no mueren. Siguen ahí. Mi abuela hablaba con sus hermanos y su esposo, y yo, no sé cómo, entré a formar parte de ese diálogo de difuntos. Desarrollé una capacidad dialógica que me mantenía hablando sola, conmigo misma, una gran parte del tiempo. Yo entraba en una cafetería, por ejemplo, y veía a dos personas sentadas ante una mesa, y de inmediato me imaginaba una conversación entre ellas. Cuando años después ingresé al curso de libretistas con Romero, a él le llamó la atención mi facilidad para los diálogos. "Lo tuyo es la televisión", me dijo.

GABRIELA.— A mí me pasaba un poco lo mismo. Quizás por ser la más pequeña de la casa, rodeada por hermanos mayores, me gustaba encerrarme en el baño a elucubrar historias en las que yo, claro, era siempre la protagonista.

MÓNICA.— Para mí aquellos diálogos imaginarios eran una vía de escape también. En el colegio pasé quince años de mi vida mirando hacia un jardín por la ventana del aula e inventándome cuentos y diálogos que me permitieran volar lejos, soñar...

GABRIELA.— Yo tuve que renunciar a mi cargo de coordinadora para que me dieran la oportunidad de escribir. Cuando surgió el proyecto *Simplemente María* me llamaron para que lo coordinara desde afuera, porque había varios escritores metidos en eso y la cosa no cuajaba. Entonces me puse a arreglar capítulos como una loca y un día el jefe nos reunió a todos y preguntó: "¿Quién arregló estos capítulos?" Y todos mis colegas se asustaron y se apresuraron a aclarar que había sido yo. "Entonces –dijo el jefe– todos ustedes se van y Gabriela se queda".

GABO.— Parece un episodio más de la telenovela. La joven aspirante a guionista, que al día siguiente se iba para París, a casarse con su galán, recibe la propuesta de hacerse cargo de una telenovela y tira todo por la ventana y se queda. Es un gran principio.

MÓNICA.–O un gran final.

GABO.— Un día, en México, salía yo de la oficina y veo venir un taxi ocupado, y cuando se acerca me doy cuenta de que viene vacío, no hay nadie al lado del chofer como yo creía, y hago una seña atropellada y el chofer frena de repente y monto. Me disculpo por mi aparente torpeza y el pobre hombre se lamenta: "Ya ve usted, me tienen jodido, con esto de que siempre ven a alguien aquí. Antes era sólo de noche, nadie me paraba, pero ahora es de día también. Ya no sé qué hacer". Se lo cuento a Buñuel y me dice: "Es un gran principio. Lástima que no sirva para nada más". Y

ahora, después de darle mil vueltas en la cabeza a la anécdota, pienso que quizás funcione como un discreto final.
El taxista decide retirarse porque ya no puede más con ese
fantasma que lleva siempre al lado. ¿Terminaría así la historia? Para mí, lo confieso, la incertidumbre se mantiene.
Pasa como con *La suplantación*, una historia que nunca hemos podido desarrollar satisfactoriamente en los talleres.
¿Quieren que volvamos a intentarlo?

SEGUNDA PARTE

La suplantación

GABO.— La historia empieza con la llegada de un barco de la armada norteamericana. Un grupo de marineros, jóvenes y saludables, desciende por la pasarela. Todos tienen la cabeza rapada. Hay una muchacha con una foto observando a los que bajan. La muchacha detiene a uno de los marineros, muy parecido al de la foto, y le pregunta si quiere hacer un gran negocio y, al mismo tiempo, un gran favor. El joven accede, curioso, y mientras toman algo en un café del puerto, ella le explica: "Éste es un hermano mío. Mire cómo se parece a usted. Mis padres se lo llevaron para los Estados Unidos cuando era muy chico. Era el nieto favorito de la abuela. Un día recibimos la noticia de que había muerto pero no tuvimos valor para decírselo a la abuela. Seguimos inventándole cartas e inclusive llamadas telefónicas, y ahora que ella está a punto de morir, se niega a hacer testamento mientras no vea a su nieto adorado. Ella tiene una inmensa fortuna. Lo único que le pedimos es que se presente como mi hermano y sea cariñoso con ella. Así ella morirá tranquila, convencida de que ha visto a su nieto por última vez".

GABRIELA.— Es una historia buenísima.

GABO.— Pero, ¿ése es el principio o el final? Nunca hemos logrado saberlo.

GUTO.— Es el principio.

GABO.— Espera. Lo primero que uno ha de aprender aquí es que las cosas no son tan sencillas. No puedes decir que es el principio si no sabes cuál es el final.

GUTO.— Fue un golpe de intuición, una corazonada.

IGNACIO.— El joven se hace pasar por el nieto y la abuela se da cuenta del engaño, pero le sigue la corriente. Al final, la vieja le dice que tiene algo que confesarle: él no es hijo de su supuesta madre y por tanto no es realmente el nieto de ella. Ella no tiene compromiso alguno con él.

GUTO.— ¡Qué rápido se precipita la historia en el melodrama!

GABO.— Yo nunca llegué hasta ahí. Lo más que se me ocurrió fue que el gringo se diera cuenta de la situación y empezara a manipularla hasta quedarse con todo.

GABRIELA.— ¿Y si el marinero supiera que van a estar esperándolo? La muchacha cree "descubrirlo" en el muelle pero ya él *sabe* que ella lo va a elegir a él. Éste sería el final. Antes estaría toda la relación del nieto con la abuela. O no sería su nieto, tal vez, pero habría una relación afectiva muy fuerte entre ellos.

GABO.— Entonces, la suplantación ocurrió al morir el nieto. El nieto le habría contado todo al marino, que decidió suplantarlo desde entonces y elaboró un plan para que sucediera exactamente lo que está sucediendo.

GABRIELA.— La película terminaría así, con él llegando al muelle.

IGNACIO.— ¿Y no corre él ningún riesgo? Podrían matarlo.

GABO.— Eso es lo bueno que tiene el cine, puedes matar a todo el que te sobra.

ELIZABETH.— Ese hombre podría estar viviendo un drama de identidad. Incorporó tan intensamente al personaje del nieto que ya no puede volver a ser él mismo. Se ha vuelto otro.

MÓNICA.— Asume con tanta fuerza la personalidad del otro que acaba siendo el otro. Está bien eso. Pero la mentira tendrían que sostenerla muchas personas; el nieto tuvo amigos, novias quizás...

GUTO.— Ha pasado mucho tiempo. Nadie...

GABO.— Mucho tiempo no puede ser. El joven está en edad militar.

IGNACIO.— Es oficial de Marina. Tiene veinticinco o treinta años.

MANOLO.— Hagamos la cosa al revés. No es él quien ha preparado la trampa, sino la gente que lo espera con la foto. Él es una víctima.

GABO.— No hay nada definido todavía.

MANOLO.— Él llega, accede a colaborar y cuando cree que está ganando una fortuna y la confianza de la vieja, descubre que está siendo manipulado, que hasta la vieja está involucrada en la operación. El tipo corre peligro, por supuesto.

GUTO.— Pero finalmente resulta ser el nieto verdadero, que se había dado por muerto. Ahora es el vengador, que va a poner las cosas en su lugar.

GABO.— La mejor historia de suplantación que se haya escrito nunca es la de Edmundo Dantés, en *El Conde de Montecristo*. Hay que tener cuidado de no repetirla.

MANOLO.— En determinado momento él asegura que *no* es el nieto pero la abuela piensa que ahí hay gato encerrado, porque está convencida de que sí lo es.

GABO.— Las ficciones no se construyen sobre la norma, sino sobre las excepciones. Una historia es más interesante cuanto más casualidades contenga. Pero tienen que ser casualidades originales y verosímiles. Y tienen que sorprender. Todavía no sabemos si la historia empieza o termina con la llegada del marinero. Que éste vaya a ser estafado o que venga como estafador, son variantes que pueden tomarse en cuenta; pero hay una tercera, y es que la propia abuela simule entrar en el juego y de pronto se encierre en una habitación con el tipo y le cuente todo el secreto. La historia daría entonces un vuelco total: el muchacho se volvería cómplice de la abuela para joder a los otros. Lo bonito de esto es que puede funcionar como una historia reversible, al derecho y al revés.

PITUKA.— Lo del testamento ha ido quedando atrás.

GABO.— No hay que amarrarse a eso. Es con el desarrollo de la historia que tenemos que ir incorporando o desechando elementos.

PITUKA.— Entonces necesitamos saber cuál es la variante más atractiva. O más productiva.

GABO.— Y quién es el que cuenta el cuento. Es decir, desde qué perspectiva vamos a contar la historia.

PITUKA.— ¿No sería la del espectador?

GABO.— El espectador, ¿preferirá ser cómplice o que lo sorprendan?

PITUKA.— Podría ser cómplice de él, del marinero, que es quien traería la sorpresa.

GABO.— Pero el marinero –por lo menos, en la versión original– no sería el narrador. Él va a entrar de pronto en una historia que ya tiene sus antecedentes. En ese momento la muchacha del retrato es la que sabe lo que está pasando. Por eso tenemos que preguntarnos: ¿Cuál es el punto de vista del narrador? ¿A través de quién estamos contando la historia?

PITUKA.— Pero el guión podría empezar con él. Nada impide que sea él quien descubra a la muchacha en el muelle.

GABO.— Sería otra película. ¿Por qué debemos preferir este comienzo al otro? No hay ninguna razón. Uno puede hacer lo que quiera pero siempre que eso no le impida seguir adelante, porque si no, corre el riesgo de quedarse con dos principios. No digo que no haya otras posibilidades, pero si queremos avanzar, tenemos que decidir. Yo propongo que nos atengamos a la idea original: hay un barco que atraca, unos marineros que bajan a tierra, una chica con foto que encuentra a la persona que necesita... Dejemos sin definir, por el momento, la cuestión crucial del principio o el final, que corresponde a otro orden de problemas: ¿la historia empieza o termina ahí?

IGNACIO.— La abuela no quiere repartir sus bienes sin que los familiares más cercanos, entre ellos su nieto querido, estén presentes. Y la muchacha y los demás *saben* que el nieto está muerto.

PITUKA.— Pero la abuela, no.

GABO.— O sí, pero simula no creerlo.

IGNACIO.— Y cuando le dicen que el nieto acaba de llegar, la abuela decide hacer público el testamento: todos sus bienes se los deja a él. El impostor, por una extraña causa, se constituye en el único heredero de la vieja. La muchacha le había prometido dos o tres mil dólares y ahora, de pronto, se ve dueño de una fortuna.

GABO.— Si tú pudieras explicarnos cuál es esa "extraña causa", ya tendríamos la historia completa. Pero tú no puedes decir que un niño nace en Belén y un día sale a hacer milagros y poco después, "por una extraña causa", lo crucifican. Si la vida marchara así, movida por "extrañas causas", este mundo sería un vacilón.

IGNACIO.— Quise decir, por motivos que nosotros no tenemos claros todavía.

GABO.— Hay que meterse en la cabeza que encontrar el hilo de una historia es algo muy difícil. Ocurre, sí, pero no en un minuto. Lo que uno no puede hacer es dejarse arrastrar por soluciones fáciles. Tiene que dudar, polemizar consigo mismo. Lo que la gente quiere es que le cuenten cosas de la gente, historias con las que uno se pueda identificar, y dar con ellas cuesta trabajo.

IGNACIO.— ¿Todavía no se ha inventado una maquinita de hacer cuentos?

GABO.— Supongo que sí.

GUTO.— Trabajará lo mismo con 110 que con 220...

MANOLO.— ¿Y si hay un apagón?

GABO.— Ése sería uno de los cuentos de la maquinita.

ELIZABETH.–A mí me gusta la idea de contratar un falso nieto porque la abuela exige su presencia para abrir el testamento. Pero durante los días en que el impostor convive con la familia, va identificándose de tal modo con el muerto que acaba sintiéndose poseído por él. Ya ni la muchacha, ni los demás miembros de la familia saben con quién están tratando realmente. Y ahí la propia familia se divide en dos bandos. De un lado, los que están por apoyar al falso nieto para que cobre una parte de la herencia y ellos puedan quedarse con el resto, y del otro, los que deciden que la única forma de resolver el dilema es eliminando al tipo físicamente.

GABO.— A mí me gusta la idea de que todos tengan que confabularse al final para matarlo. Pero tendríamos que fundamentar la decisión, encontrar cuál es la "extraña causa" por la que logran ponerse de acuerdo.

IGNACIO.— Creo que la tengo.

GABO.— ¿Cómo? ¿Todavía no hemos desarrollado la idea y ya tú tienes la solución?

IGNACIO.— Al tío le permiten representar su papel, pero lo que descubrimos, al abrirse el testamento, es que la abuela no le deja su fortuna a ninguno de ellos, sino a...

GABO.— A la Escuela de Cine y Televisión de San Antonio.

IGNACIO.— Hay un jugoso seguro a favor del nieto, pero mientras no aparezca su cuerpo, los parientes no podrán cobrarlo.

GABO.— Pero, ¿cuánto tiempo hace que murió el nieto?

IGNACIO.— Un año. Ellos necesitan el cadáver –necesitan un cuerpo, en realidad– para poder cobrar el seguro, así que, ¿se imaginan?...

GUTO.— Pobre marinero.

GABO.— Pero mientras tanto, el barco sigue atracado en el muelle, esa tarde pasarán lista abordo y nuestro hombre no se presentará.

GABRIELA.— Toda la acción puede desarrollarse entre la mañana y la tarde del mismo día.

GABO.— El barco llegó a las ocho de la mañana y zarpará a las seis de la tarde. Para nosotros es un verdadero desafío.

MANOLO.— En tan poco tiempo no podría producirse el cambio de identidades.

GABRIELA.— Estamos construyendo una historia sin detenernos en las motivaciones. ¿Qué motivos tenía la muchacha para ir con la foto al muelle?

GABO.— Yo sugerí algunos: el capricho de la abuela, el testamento... Pero si no les gustan, los cambiamos.

GUTO.— A lo mejor quieren celebrar el último cumpleaños de la abuela por todo lo alto.

ELIZABETH.— Hay una película de los hermanos Taviani, con varios cuentos de Pirandello... En Sicilia, una mujer analfabeta dicta cartas para sus hijos emigrantes, y alguien finge escribir y enviar esas cartas que, por supuesto, nunca llegan. En nuestro caso, la abuela cree haber estado en comunicación permanente con su nieto del alma, pero todo ha sido un engaño.

GABO.— Los familiares simulaban enviar y recibir cartas, hacían y respondían llamadas telefónicas del supuesto nieto...

MANOLO.— ¿La abuela es tonta? Ya le estoy cogiendo odio a la pobre vieja.

ELIZABETH.— Entre abuela y nieto hay una relación edipiana, eso es evidente.

GABO.— Siento la necesidad de imaginarme físicamente a la vieja. ¿Cómo la ven ustedes? ¿Como una loca que usa grandes pamelas?

GABRIELA.— Tal vez fue una actriz famosa en su época.

GABO.— Una mujer gruesa, enorme, siempre metida en su cama, entre almohadones de raso... Es alemana. Y lo primero que hará, cuando llegue su adorado nieto, es arrastrarlo a un cabaret.

GABRIELA.— Esa matriarca no responde al prototipo que hemos estado manejando hasta ahora.

GABO.— Es que todo el mundo la trata como una pobre anciana y la tienen prácticamente metida en un desván. Ahora, al ver al nieto, decide desquitarse: se viste como una reina y cumple su deseo de bailar en la pista de ese famoso cabaret. Del brazo de su nieto querido.

GABRIELA.— Ha vuelto a la vida.

GABO.— A él se lo llevaron cuando tenía seis o siete años; ahora tiene treinta o treinta y dos.

ELIZABETH.— Todos creían que ella iba a morir de la emoción al verlo.

GABO.— Pero ella se levanta y demuestra estar más viva que nunca. A la familia, entonces, no le va a quedar más remedio que envenenarla.

ELIZABETH.— La vieja también pudiera ser una especie de Rebeca: todo el mundo habla de ella, pero nadie la ve.

IGNACIO.— ¿Y si lo que la chica quiere del marinero es simplemente que mate a la vieja y desaparezca?

GABO.— ¿Qué necesidad habría entonces de la foto y el parecido con el nieto?

IGNACIO.— Es para infundirle confianza a la vieja. Es más, al marinero no le proponen nada, no le hablan del crimen hasta que él asume el papel del nieto.

GABO.— Pero él tiene que reportar al barco. No puede desaparecer de allí sin más ni más.

IGNACIO.— Puede subir a bordo una vez al día, ¿por qué no?

GABO.— Está bien. El barco ha venido a los astilleros. Va a estar en reparaciones varios meses. No puedes quejarte, Ignacio, te estamos facilitando la tarea.

IGNACIO.— Con el supuesto nieto allí, la vieja cobra nueva vida. Y entonces, cuando entra a jugar todo el asunto de la herencia, acaban proponiéndole que mate a la vieja. Llegado el momento él lo hará, subirá discretamente al barco, volverá a su país y nadie hablará más del asunto. Eso es lo que le hacen creer.

GABO.— ¿Por qué aceptaría él ese trato? ¿Sólo por dinero?

IGNACIO.— Sí. Lo que él no sabe es que todo está preparado para que la policía lo descubra. Le hacen trampa. Él mata a la abuela, va a la cárcel y los parientes se quedan con la herencia.

GABO.— ¿Ah, sí? ¿No es demasiado fácil todo? ¡Has resuelto en siete minutos una historia que nosotros llevamos años tratando de resolver!

GABRIELA.— Creo que uno de los fallos de la historia es que no conocemos a la familia. La familia siempre se nos presenta como un bloque de malvados. ¿No hay contradicciones entre ellos?

GABO.— Es cierto. Nos hace falta saber qué clase de familia es ésta. Y el propio marinero, ¿quién es? ¿Habla español, por ejemplo?

GABRIELA.— No hay por qué descartar esa posibilidad. Sería una convención como otra cualquiera.

GABO.— Está claro que a estas alturas el nieto debería ser huérfano de padre y madre. Por eso la abuela lo quiere más. Él es la prolongación de su padre, el hijo predilecto de la vieja.

MANOLO.— Los padres podrían estar vivos, pero divorciados y sin contacto entre ellos.

GABO.— No, deben estar muertos. Aquí no nos queda más remedio que facilitarnos las cosas.

GABRIELA.— Si los padres murieron, ¿por qué nadie acudió a la familia paterna para que se hicieran cargo del pobre huerfanito?

PITUKA.— Porque ya no era un niño. Él, muertos sus padres, debía arreglar sus papeles, cumplir su Servicio Militar.

GABO.— Un dato que ayudaría a la credibilidad de la historia: el nieto era marinero cuando murió. Por eso buscan un marino. La abuela tiene fotos del nieto con uniforme.

PITUKA.— Ingresó en la Marina cuando murieron sus padres. Él debía tener algo más de dieciocho años, que es la edad a la que se ingresa al Servicio Militar en los Estados Unidos.

GUTO.— La vieja no puede tener fotos de él como marino porque se daría cuenta de la suplantación. ¿Cuánto tiempo hace que recibió las fotos?

GABO.— El nieto le mandó unas instantáneas, los rasgos no se distinguen bien. Además, el otro se le parece, realmente.

GABRIELA.— El hijo de la abuela, el primogénito –vamos a llamarlo José– se había casado con una americana. José muere y la viuda decide llevarse a su hijito para los Estados Unidos. La abuela, con dolor en su corazón, tiene que permitir que se lleven a su nietecito querido.

GABO.— Es bueno saber todas esas cosas, porque cuando menos uno lo espera hay un lector o espectador que hace ese tipo de pregunta y nos pone la historia a patinar.

GABRIELA.— Pasan los años y muere la viuda cuando ya el hijo estaba a punto de ingresar en la Escuela Naval. La abuela está al tanto de todo eso.

GABO.— Y le escribe al nieto: "¿Por qué no vienes? Ven a conocer a tu familia".

GABRIELA.— Uno se explica el amor, tal vez mezclado con lástima, que siente la abuela por ese nieto. Y los celos del tío –llamémosle Pedro–, el otro hijo varón de la abuela.

GABO.— Ese Pedro, llegado el momento, puede instigar al crimen...

GABRIELA.— Él nunca quiso a su madre, o mejor dicho, nunca se sintió querido por ella. José siempre fue el predilecto. En cambio, la muchacha, hija de Pedro, sí quiere a la abuela. Y a lo mejor se enamora del supuesto primo, desde que lo ve en el muelle.

ELIZABETH.— O sea, que la abuela tuvo dos hijos: José, el predilecto, que muere y deja viuda a la gringa, y Pedro, que ha ido acumulando su rencor a lo largo de años. Es el padre de la chica. Por cierto, tanto Pedro como su mujer le hacían imposible la vida a José y la gringa, a lo mejor ésta se va por eso... Y ahora, cuando el supuesto nieto vuelve, Pedro echará a andar el mecanismo de la tragedia. Él y la esposa, que es una arpía también.

GUTO.— Serán ellos los que organicen el asesinato de la abuela.

GABRIELA.— La chica, en cambio, no sospecha nada. Es más, se ha enamorado del joven en secreto.

GABO.— A mí me gustaría que todo ocurriera en el curso de una semana, mientras el barco está anclado en el muelle.

GABRIELA.— No es complicado. Tenemos sólo media docena de personajes.

ELIZABETH.— Una cosa no queda clara: si el verdadero nieto ha muerto, ¿por qué no acaban de decírselo a la vieja para que le dé un infarto, y ya salen de eso?

GABO.— Porque la muerte de la vieja, en esas condiciones, sería un problema para ellos, relacionado con la herencia tal vez. Por alguna razón que todavía no conocemos, necesitan que el supuesto nieto esté allí.

GABRIELA.— Ellos saben que la vieja va a dejarle toda su fortuna.

GABO.— ¡Qué pena! ¿Es un simple drama de dinero lo que estamos haciendo? ¿No podríamos pensar en algo más original?

ELIZABETH.— El verdadero nieto no murió. Perdieron contacto con él, pero saben que está vivo. Es más, volvemos a la idea inicial de que le han hecho creer a la vieja que se han estado comunicando con él todo el tiempo.

GABO.— Se me acaba de ocurrir un escopetazo: el nieto no existió nunca. José y la gringa le hicieron creer a la vieja que habían tenido un hijo y se ocuparon de mandarle postales de cumpleaños y retratos ajenos.

GUTO.— ¿Y por qué lo hicieron? ¿Qué pretendían con eso?

GABRIELA.— La gringa se fue embarazada y perdió el niño allá. No quisieron decírselo a la vieja.

GABO.— Inventaron al nieto para no perder el vínculo con la abuela.

ELIZABETH.— Pero eso invalida la escena inicial, la de la joven con la foto en el muelle.

GABO.— No, porque de allá mandaban fotos, cartas, recuerdos...

GUTO.— La vieja guarda un secreto que sólo va a contarle al nieto, y a nadie más. Por eso también necesitan al marinero.

GABO.— En eso estamos hace años: la vieja guarda un secreto, sí, pero ¿cuál? Uno empieza a sospechar que da lo mismo que el nieto viva, muera o no haya existido nunca. Desde el momento en que el marinero baja del barco y la muchacha lo aborda, no hay modo de parar esa historia.

IGNACIO.— Pero tampoco hay modo de sacarla adelante.

GUTO.— La vieja al parecer tuvo dos hijos, ¿no? ¿Y si uno de ellos, el tal Pedro, no era hijo suyo realmente?

IGNACIO.— Entonces no se necesita un nieto.

GABO.— Le inventan un nieto para sacarle dinero. Aunque pensándolo bien, ¿la abuela no le mandaría dinero a José y a la gringa si no mediara el nieto? ¿Qué clase de mujer es ésa?

GUTO.— Una abuela desalmada.

ELIZABETH.— Y muy estúpida, para dejarse engañar durante veinte años.

GABO.— No dramaticemos tanto la invención del nieto. El drama consiste en saber por qué necesitan ahora que aparezca. Yo veo la escena así: el joven marinero llama a la puerta, se presenta como el nieto perdido y es recibido por la abuela con los brazos abiertos. ¿Murió el verdadero nieto o no ha existido nunca? Nadie lo sabe, ni siquiera el espectador.

¿Cuándo vamos a revelar el secreto, sea cual sea? Tampoco lo sabemos. El núcleo de la historia está en la suplantación. Una vez que el marinero entra en el juego, lo demás debe caer por su propio peso.

GUTO.— ¿Por qué?

GABO.— Porque el planteamiento es muy simple. El desenlace debe ser ingenioso y sorprendente, pero no tiene por qué ser complicado.

GUTO.— ¿Y si en vez de contar la historia de una abuela y un nieto contamos la de un hijo y un padre? El marinero no suplantará a un nieto, sino a un padre.

GABO.— La idea no es mala. Hay un niño sin padre en la familia. Mejor dicho, un niño que no conoce o no recuerda a su padre. Siempre le han dicho que como es marinero, se pasa la vida viajando. Pero llega el momento en que su presencia no se puede aplazar más y deciden conseguir un papá para el niño. ¿Por qué no?

GUTO.— ¿Qué le ofrecerían al falso papá?

GABO.— Es un papel que podría ser desempeñado por cualquier amigo de la familia que el niño no conozca.

MANOLO.— Nos sacamos a la vieja de encima.

GABRIELA.— Hemos dado la vuelta en redondo. Llegamos a un punto muerto.

GABO.— Otro intento fallido.

MANOLO.— Entre nosotros, cuando uno cree que debe seguir dándole vueltas a un asunto, se dice: "Tenemos que seguir dándole taller". ¿Vamos a seguir "dándole taller" al niño o a la vieja?

GABO.— A ninguno de los dos. Yo no suelo dar consejos, pero les voy a pedir un favor: cuando salgan del taller, no sigan pensando en la historia que hemos discutido, porque se les indigesta. Aquí, como en una carpintería, cuando uno termina tiene que dejar a un lado los instrumentos, no llevárselos para la casa... Aquí se apaga el equipo y no se vuelve a prender hasta el otro día. De lo contrario, ¿qué ocurre? Que no descansas, que llegas al día siguiente aturdido, ojeroso, bloqueado por la cantidad de cosas que imaginaste, que soñaste..., ninguna de las cuales, probablemente, sirva para nada.

MANOLO.— Me pareció entender que a veces tampoco usted puede "desconectar", que hay historias inconclusas que no logra sacarse de la cabeza.

GABO.— Yo diría que son obsesiones intermitentes. Vienen y se van... Recuerdo la de un patricio mexicano convertido en presidente de la República por obra de las circunstancias; la de una mujer que se suicida sin causa aparente... Pero ahora creo que sería mejor que discutiéramos una experiencia personal. Está demostrado que cuando uno parte de una experiencia personal, le resulta más fácil hacer avanzar la historia. No es ni mejor ni peor, es más cómodo, simplemente. ¿Quién quiere hacer la prueba?

ELIZABETH.— A mí me pasó una cosa en Nueva York, hace ya veinte años...

GABO.— Disculpa, Elizabeth, pero veo que Guto también tiene algo que contar. ¿Le cedes la palabra?

ELIZABETH.— Claro que sí. Excúsenme. No me di cuenta de que había otros voluntarios.

GABO.— A ver, Guto, cuéntanos esa aventura...

El sofá

GUTO.— Hace unos años fui a pasar el verano con mi familia en el balneario de Bariloche y allí conocimos a una pareja de Buenos Aires que parecía estar de luna de miel. Muy simpáticos los dos. Tuvimos ocasión de comer juntos, salir juntos de excursión, y llegó a crearse así una cierta relación de amistad. Supimos que llevaban varios años de casados, tenían dos hijos y dirigían una agencia de contactos personales, gente que quería conocer a personas afines...

ELIZABETH.— Una agencia de Corazones Solitarios...

GABO.— Qué bien. Me gustaría que armáramos una buena historia de Corazones Solitarios.

GUTO.— Unos meses después, cuando yo me traslado a Buenos Aires a estudiar cine, mis padres vienen a visitarme y decidimos llamar a Peter para saludarlo e invitarlo a tomar un café. Yo estaba viviendo en un pequeño hotel, cerca de su departamento.

ELIZABETH.— Peter era el hombre de la pareja.

GUTO.— Sí. Viene –muy amable, como siempre– y nos cuenta que se había separado de su mujer y que ambos continuaban en el mismo negocio, pero por separado. Él estaba viviendo solo, en un departamento de dos piezas, y allí mismo me invitó a mudarme con él. "Sólo tenés que comprar un sofá y colocarlo en la sala, para dormir allí", me dice. Para mí era una oferta muy atractiva, porque el hotelito me resultaba caro, pese a ser muy modesto. Así que compro el sofá, lo llevo para la casa, y Peter me aclara: "Bueno, mirá, acá solamente hay que tener cuidado con una cosa: tenés que dejar el departamento a mediodía y no volver hasta después de las diez de la noche, porque yo, durante el día, le dejo el departamento a una psicóloga amiga, para que lo use como consultorio." Bueno, diariamente yo me iba a mediodía, visitaba a algún compañero, me movía por todo Buenos Aires, para conocer la ciudad, iba a la Escuela –para eso estaba allí– y terminaba las clases como a las once de la noche. Así que a medianoche ya estaba de vuelta al departamento.

ELIZABETH.— Y todo tranquilo.

GUTO.— Sin problema. Pura rutina. Hasta que una noche llego al edificio a la hora de siempre, subo en el ascensor, salgo al pasillo, saco la llave, abro la puerta... ¡y fue como entrar en el *set* de una película porno!

GABO.— Era de esperar.

GUTO.— ¿Sí? Yo no me lo esperaba.

GABO.— Tú eras un niño ingenuo. Venías del interior.

GUTO.— Sí, tengo que reconocerlo. Cuando vi que en mi sofá...

GABRIELA.— Eso fue lo que te dio coraje. Que estuvieran usando tu sofá.

MANOLO.— En una sesión práctica de psicoanálisis.

86

GUTO.— Imagínense cuál no sería mi sorpresa. Allí estaba una amiga de Peter, que él me había presentado alguna vez, agarrada del sofá con dos hombres y, al lado, una mujer –a la que nunca le vi la cara– con otro hombre arrodillado junto a ella. Y yo me quedo mirándolos, pasmado, y ellos se vuelven y me miran como a un fantasma. Y yo sólo atino a decir: "Perdón", y a cerrar la puerta. Estaba temblando. "¿Me habré equivocado de piso?", pensé.

GABO.— No reconociste tu sofá.

GABRIELA.— No seas cruel, Gabo. Deja que el muchacho termine su cuento.

GUTO.— El *shock* fue tremendo. Yo corro al ascensor y mientras espero veo que sale esta amiga de Peter, con las tetas al aire, y me dice: "¡Ay, Guto, disculpáme, es que Peter me prestó el departamento para hacer una fiestita con los amigos... No te invito a pasar porque estos atorrantes te van a coger."

MANOLO.— ¿A *coger*?

GUTO.— Ya sabés lo que quiere decir eso, ¿no?

MANOLO.— ¡Qué bárbaros! Era una broma, supongo.

GUTO.— Yo prefería no tratar de averiguarlo. Ella seguía allí, en el pasillo, diciéndome que la fiestita había terminado y que saliéramos a tomar un café...

GABO.— Quería seguir la juerga contigo.

GUTO.— Llegó el ascensor, me despedí, bajé, y cuando atravieso el vestíbulo veo que viene Peter, consultando su reloj. Parece que me había estado esperando abajo, pero por lo visto salió un momento, justo cuando yo llegué.

GABO.— Te quiso atajar, impedir que subieras.

GUTO.— Parecía preocupado. Me dice: "Vení, Guto, venía jugar una partida de billar y a tomarte una ginebra conmigo". ¡A esas horas, Dios mío! Tres cuadras más abajo entramos a un salón de billar. Le cuento lo que había pasado y me dice: "Sí, hombre, sí, se me olvidó decírtelo, que esta amiga me pidió prestado el departamento para dar una fiestita". Estuvimos como una hora allí. Al volver, voy a la cocina, buscando no recuerdo qué, y al abrir el cajón de los cubiertos veo un rollo de billetes, como ochenta dólares, más o menos. Cerré tan rápido que él no se dio cuenta. En el piso había varias cajas de pizzas y como diez botellas de champán vacías, y él, haciéndose el tonto, viene y me dice: "Mirá cómo me han dejado esto", pero entretanto abrió el cajón de los cubiertos y sacó el dinero, sin advertir que yo me había dado cuenta.

ELIZABETH.— El hombre tenía una casa de citas, en realidad.

GUTO.— Tal vez engañaba a los incautos, haciéndoles creer que aquellas eran mujeres solitarias que buscaban pareja.

GABO.— Cobraba la renta de su *garçonnière*, pero el sofá le salía gratis.

MANOLO.— Debió de haberte dado una comisión, Guto.

ELIZABETH.— De todos modos, la *garçonnière* de Peter parece haber sido más modesta que la de José Carlos Alves dos Santos.

GUTO.— Estoy seguro. Pero volviendo a mi historia: una semana después estoy en el departamento con un grupo de compañeros –íbamos a filmar un corto– y suena el teléfono y era esta mujer, la amiga del sofá, que me dice: "Ah, Guto, qué lindo que sos... Mirá que mi amiga y yo nos quedamos encantadas con la cara que pusiste al vernos. Estamos locas con vos, ¿por qué no te venís con nosotras a tomar un cafecito?" Me entró miedo, sólo atiné a decirle que la llamaría después, pero por supuesto que no lo hice. En realidad, tenía la impresión de que si me ponía en contacto con ella, algo horrible me iba a suceder.

GABO.— Horrible o rico.

ELIZABETH.— O peligroso.

GUTO.— Me asusté tanto que antes de que pasara un mes ya me había mudado de lugar. Para una pensión.

ELIZABETH.— ¿No volviste a ver a Peter?

GUTO.— Nunca más traté de hacer contacto con él. Y a cada rato me asaltaba la duda: ¿Qué hubiera pasado si llego a aceptar la invitación al cafecito?

GABO.— La historia es muy buena. Y muy original. Tengo la impresión de que si le añades algo, se estropea.

GUTO.— ¿Te parece que cierra?

GABO.— Como comedia, terminaría con una secuencia donde tú vas a dejar el sofá en una casa de empeños y descubres que la prestamista es la mujer.

GUTO.— En serio, ¿no necesita un final?

GABO.— Imagínatela como una historia policiaca. Un señor muy respetable, con las sienes plateadas, responde al anuncio de una agencia sentimental, creyendo que va a encontrar una pareja, y cae en una trampa.

GUTO.— ¿Qué clase de trampa?

GABO.— No sé. Algo extraño. Una situación rara.

MANOLO.— ¿Y si fuera el respetable señor el que estuviera metido en algo raro? Va a la agencia buscando una coartada, por ejemplo.

GABO.— Lo que tú puedes asegurar, Guto, es que nunca volverás a recibir una sorpresa así.

GUTO.— ¿Ver cinco caras *así*, como aquéllas que se quedaron mirándome? Seguro que no.

GABO.— Te pareció que estaban a un palmo de tus narices, ¿no es cierto? Era un *zoom*.

MANOLO.— De ángulo ancho, para poder abarcar las cinco.

GABO.— Lo que está muy claro es que si se hace una película con esta historia debe llamarse *El sofá*.

GABRIELA.— *El sofá de Guto.*

MANOLO.— *Cinco en un sofá.*

GUTO.— Por cierto, cuando me mudé y fui a buscarlo, me di cuenta de algo, que tenía una mancha de lápiz labial en el borde... ¡Era de aquella mujer que lo había estado mordiendo!

GABO.— No sigas, Guto, que a ese paso la película va a durar cinco horas, como la primera versión de *Los siete samurais*.

GUTO.— Nunca le había contado a nadie esta historia antes de venir aquí.

GABO.— No sé cómo te las arreglas para contarla en tono de comedia. ¡Con las cosas terribles que pudieron haber pasado!

ELIZABETH.— *El sofá* pudiera ser también la historia de una iniciación. Un joven inocente, criado en una ciudad del interior, viaja a la capital y descubre los oscuros abismos del alma humana.

MANOLO.— ¿Qué edad tenías tú entonces, Guto?

GUTO.— Dieciocho años.

GABO.— Hay algo que no me queda claro. ¿Quién era Peter? ¿Qué quería contigo? ¿Por qué te invitó a vivir en su casa, si tenía esos compromisos extraños?

GUTO.— Quizás para que pagáramos los gastos a medias. A él nunca le alcanzaba el dinero. Tenía más de cuarenta años y estaba completamente alcoholizado: creo que se tomaba dos o tres litros diarios de ginebra.

ELIZABETH.— ¿Pero tú pagabas renta?

GUTO.— No, pero compartía los gastos de teléfono, electricidad, gas...

GABO.— Si supiéramos por qué quería él que tú estuvieras allí, tendríamos la historia completa. ¿No te habrá echado el ojo desde Bariloche?

GUTO.— ¿En qué sentido?

GABO.— ¿No te parece raro que te ofrezca su casa cuando tiene todo el problema ese de los horarios, y la psicóloga, y las amiguitas, etcétera, etcétera? Y en cuanto a la esposa, ¿volviste a verla en Buenos Aires?

GUTO.— Sí, vivía con sus hijos: dos del marido anterior y uno, el más pequeño, de él.

GABO.— Tú estás vivo de milagro, Guto. Por menos que eso que tú hiciste, entrar mansamente en esa ratonera, han descuartizado a un tipo, lo han metido en un talego y lo han mandado p'al carajo.

ELIZABETH.— ¿Seguro que el hombre no era homosexual?

GUTO.— No, al contrario, siempre llevaba amigas a su cuarto.

MANOLO.— ¿Amigas o travestis? A lo mejor el tipo era ambidextro.

GABO.— ¿No te estaría engordando para venderte?

GUTO.— ¿A mí? ¿Para venderme a quién? ¿A sus mujeres?

GABO.— Era un perfecto tarado, puedes estar seguro. ¡Y tú caes en sus manos con dieciocho añitos!

GUTO.— Quizás era un poco chiflado, pero no creo que fuera peligroso. Y en definitiva fueron sólo dos o tres meses... Después agarré mis bártulos y me fui a la pensión. Una pensión sin baño privado y con muchas ratas...

GABO.— Pero con un sofá para ti solo, ¿no es cierto?

GUTO.— Gracias, Elizabeth. Ya podés confesarte..

GABO.— Sí, cuéntanos... ¿Qué fue lo que te pasó en Nueva York hace veinte años?

Sobre la involución de las especies

ELIZABETH.— Fue en una gran exposición, una feria, algo así como Disneylandia. Se recorría el lugar en un trencito, lo que permitía ir visitando por zonas el mundo del futuro, lleno de naves espaciales, telescopios, juguetes electrónicos, guerra de las galaxias... Todo impresionante. Y en un área apartada, donde había una especie de zoológico dedicado al continente africano, se alzaba una jaula gigantesca dentro de la cual había un gorila. Llamaba la atención que estuviera sentado en una piedra, en la posición normal del *homo sapiens*. Pero cuando veía acercarse a los turistas, corría a agarrarse de la reja y empezaba a gritar. Sentí temor. Y de pronto el temor se convirtió en espanto cuando me di cuenta de que yo estaba *entendiendo* sus gritos. "¡Pindamonhangaba Caraguatatuba!", gritaba..., y el corazón se me quería salir del pecho, porque esos eran nombres de lugares, de ciudades brasileñas... Sí, ahora ustedes se ríen, yo misma me río, pero les juro que en aquel momento mi turbación era tan grande que no sabía qué hacer. Descubrir que aquel gorila, o mejor dicho, aquel prospecto de *homo sapiens*, era en realidad un compatriota mío, me deprimió: sentí pena, rabia, vergüenza... Y cuando me repuse, pensé: aquí hay una película.

GABO.— Habría que empezar por preguntarse quién era ese hombre, cómo vivía en Brasil, por cuántas cosas pasó antes de llegar a convertirse en un gorila neoyorkino. ¿Se dan cuenta? ¡Es Darwin al revés! No cómo el gorila llegó a ser hombre, sino...

ELIZABETH.— Es la *involución* de las especies.

GABO.— Dime una cosa: ¿qué era lo que gritaba el tipo?

ELIZABETH.— Nombres indígenas. Hay zonas playeras cerca de São Paulo que se llaman así, Pindamonhangaba y Caraguatatuba, de manera que yo lo oía gritar y pensaba, sobresaltada: "¡Dios mío, qué es esto! ¡Estoy entendiendo el lenguaje de los simios!"

GABO.— Y cuando te diste cuenta de que el gorila era en realidad un compatriota tuyo, ¿no se te ocurrió acercarte y decirle algo?

ELIZABETH.— No. Me quedé petrificada, muda. En ese momento venía otro trencito y me monté corriendo, para alejarme de allí. Y en el trayecto me puse a pensar: ¿Cómo llegó este infeliz aquí? ¿Cómo este pobre negro brasileño encontró la manera de sobrevivir en un país como los Estados Unidos? Era una cosa loca, surrealista.

GABO.— ¿Tú te casarías con el gorila?

GABRIELA.— ¿Con el gorila o con el hombre que hacía de gorila?

GABO.— Estoy pensando en la posibilidad de que fuera un gorila, no un hombre, el que estuviera dentro de la jaula.

Un gorila educado, de buenas costumbres, con perfecto dominio del idioma, puesto que habría nacido en Parabambubo o cualquier otro sitio parecido... Y tú lo descubres enjaulado y él te cuenta la tragedia de su vida... En ese caso, ¿qué harías?

ELIZABETH.— No lo sé. De todos modos, no es ésa la historia que me gustaría contar.

GABO.— Quise reducir al absurdo el aspecto de la cuestión que más me interesa: el del desarraigo, el de la soledad...

GABRIELA.— Un ser humano enjaulado –y exhibido como un mono– no deja de ser una buena metáfora.

GABO.— ¿Se imaginan ustedes la tragedia de la esclavitud africana? Una mañana el hombre deja a su mujer y sus hijos en la choza y sale a cazar. Y ese día lo agarran, lo atan, lo trasladan a la costa, lo encadenan, lo meten en la sentina de un barco... No más mujer, no más hijos, no más ríos, no más árboles ni pájaros conocidos, no más nada... La familia, ¿qué pudo haber pensado? ¿Que se lo comió un león? ¿Que se lo llevó el diablo? Y él, si sobrevivía a los dos o tres meses de navegación, hacinado con otros muchos en el fondo del barco, ¿qué sentiría al ver que lo bajaban a tierra, lo vendían, se lo llevaban a una plantación... ¡y a trabajar de sol a sol, bajo el látigo de los mayorales! ¿Se imaginan lo que pasaría por esa cabeza, en los escasos momentos de descanso? ¿Se imaginan la carga de estupor, de amargura, de tristeza, de nostalgia?... ¿Cómo no iban a cantar y a tocar tambores y a bailar como posesos, cada vez que recibían permiso? Había que exorcizar ese horror. Había que buscar un lenguaje que les permitiera expresarse y comunicarse.

GABRIELA.— Sí, porque al sacarlos de su mundo los dejaban sin referencias concretas para entender y tratar de explicarse la nueva situación. En su lengua tal vez no era posible formular con claridad las ideas de esclavitud, separación, nostalgia... Debe ser angustioso, eso de quedarse flotando, de pronto, en un vacío total.

GABO.— Tenemos que hacer una película de horror, algún día, que no utilice esos monstruos sofisticados de ahora, ni esos autómatas siniestros que sólo sirven para provocarles pesadillas a los niños.

MÓNICA.— Es la manipulación sistemática del horror. Muy lucrativa, por cierto.

GABO.— ¿Por qué no podemos nosotros volver a los monstruitos de nuestra infancia? Podríamos ponerles un poco de pimienta, inclusive. Podríamos hacer una versión porno de *Caperucita Roja*, por ejemplo: el Lobo se disfraza de Abuelita para echarse a Caperucita.

MANOLO.— ¿Y cómo terminaría la historia?

GABO.— Eso es lo que habría que inventar.

TERCERA PARTE

EDIPO EN COLOMBIA

GABO.— Hoy vengo dispuesto a hacer un ejercicio de humildad, como guionista de *Edipo Alcalde*. Aquí con nosotros está Jorge Alí Triana, que dirigirá la película. ¿Pudieron leer el guión?

GUTO.— Hay algo que salta a la vista y que todos queremos saber: ¿Por qué se han mantenido en el guión los nombres de los personajes de Sófocles?

GABO.— Para jugar limpio, con las cartas sobre la mesa. La única excepción es la del propio Edipo, porque el nombre es muy feo.

SENEL.— Pero el nombre sí aparece en el título.

GUTO.— Que el espectador de la película sepa de antemano a qué atenerse con los personajes –porque Yocasta se llama Yocasta y Creonte, Creonte–, ¿es bueno o malo?

SENEL.— Te refieres al espectador enterado, ¿no?, al que ha leído la tragedia.

GABO.— El director y yo hemos hablado de eso y todavía no nos hemos puesto de acuerdo.

JORGE ALÍ.— Manteniendo los nombres, creo yo, privamos

al espectador del elemento sorpresa, le quitamos la posibilidad de ir construyendo su propia historia con los datos que va aportando la película. Como bien dice Guto, el espectador que haya leído a Sófocles sabrá lo que va a pasar.

GABO.— Eso puede ser así, a nivel de teoría. Pero la historia de Edipo, con variantes, viene repitiéndose desde hace siglos y a nadie ha dejado de gustarle. Si nosotros estamos haciendo una simple versión de *Edipo Rey* adaptada a otro momento y otro país, si no estamos tratando de ocultar nada ni de engañar a nadie, ¿por qué no decirlo abiertamente? Esto es Sófocles, sí señor, pero a la vez es algo distinto. Confieso que si los nombres de los personajes fueran feos, lo pensaría dos veces, pero ¿se imaginan nombres más bonitos que esos, Yocasta y Layo, por ejemplo? No sé cómo funcionarán en la película, pero a mí me hubiera resultado muy difícil escribir esta historia cambiando los nombres. Es más, voy a confesarles una cosa: demoro mucho buscando el nombre de mis personajes. Tanto, que van cambiando de nombres en el camino hasta que encuentro uno que me convence, que me permite creer en él. Sólo entonces el personaje cobra vida y echa a andar por su cuenta. En el caso de *Edipo*, los únicos nombres que me convencían, los únicos en los que lograba creer, eran los que había usado el propio Sófocles. Me acostumbré a ellos desde que yo era joven y leí por primera vez *Edipo Rey*. Fue tal la conmoción que me produjo aquella historia en la que el investigador descubre que el asesino es él mismo —y todo lo que eso significa—, que ya no me cupo en la cabeza que unos personajes que actúan exactamente igual se llamen de manera distinta. Ahora bien, dicho esto me apresuro a añadir que si el director –que es el dueño de la película– decide cambiar los nombres –porque tiene la inmensa fortuna de ver a los personajes de Sófocles con nombres que no son los de Sófocles–, entonces yo no tengo más remedio que morirme de envidia y aceptar que la cosa sea así.

IGNACIO.— Yo creo que el nombre es parte del personaje, tanto como pueden serlo sus brazos y su pelo; y reconozco que hay que tener mucho valor para traer ciertos personajes a la actualidad, desde una distancia de tres mil años. Pero no logro creer que un personaje que se llame Edipo o Creonte pueda formar parte de la realidad actual. No logro creerlo.

GUTO.— Es que Sófocles se interpone entre nuestra realidad y nosotros. A mí los nombres no me dejan entrar en Colombia, actúan como una barrera.

GABO.— Para mí, el hecho de que la historia remita a Sófocles no es un defecto, sino una virtud. Lo veo como un factor positivo.

IGNACIO.— Pero ésa no parece ser la opinión del director.

GABO.— Ya tendremos ocasión de volver a oír al director. En cuanto a mí, les digo una cosa: lo único que quiero es producir en el espectador una conmoción semejante a la que experimenté al descubrir el libro. Casi me atrevería a decir que *Edipo Rey* fue la primera gran conmoción intelectual de mi vida. Ya yo sabía que iba a ser escritor y cuando leí aquello, me dije: "Éste es el tipo de cosa que quiero escribir". Yo había publicado algunos cuentos y, mientras trabajaba en Cartagena como periodista, estaba tratando de ver si terminaba una novela. Recuerdo que una noche hablaba de literatura con un amigo –Gustavo Ibarra Merlano, que además de poeta es el hombre que más sabe en Colombia sobre derechos de aduana–, y viene y me dice: "Nunca llegarás a nada mientras no leas a los clásicos griegos". Yo me quedé muy impresionado, así que esa misma noche lo acompañé a su casa y me puso en las manos un tomo de tragedias griegas. Me fui a mi cuarto, me acosté, empecé a leer el libro por la primera página –era *Edipo Rey*, precisamente– y no lo podía creer. Leía, y leía, y leía –empecé como a las dos de la madrugaba y ya estaba amaneciendo–, y cuanto más leía, más quería leer. Yo creo que desde entonces no he dejado de leer esa bendita obra. Me la sé de memoria. Para escribir el guión no tuve que volver a leerla. Y ahora me pregunto, en mi condición de guionista: "¿Lograré que un solo espectador, viendo la película, sienta lo que yo sentí al leer el libro por primera vez?" Si así fuera, como suele decirse, me daría por satisfecho.

GUTO.— Pero eso mismo es lo que estamos planteando. A ti te deslumbró la obra porque no la conocías previamente. El espectador, en cambio...

GABO.— No seamos ingenuos. Si el conocer *Edipo Rey* te impide disfrutar *Edipo Alcalde*, entonces el problema no es de nombres... La cosa es más seria.

JORGE ALÍ.— Quisiera introducir un matiz, a propósito de lo que dije antes. ¿Cuántas veces va uno a ver *Hamlet*, aunque sepa lo que va a pasar? Me contradigo a sabiendas porque tenemos que evitar las simplificaciones. El niño lee, oye o va a ver al teatro la historia de Pinocho, y no se cansa de repetirla porque lo que disfruta es el proceso, aunque conozca de antemano el resultado. Es más, hasta eso le satisface, ver cómo las cosas ocurren tal como él las espera. Uno va a ver *Otelo* y sabe que en la última escena Otelo va a ahogar a Desdémona, pero, ¿qué importa? Lo que uno quiere ver es cómo ocurre, de qué modo se conducen los actores, qué nuevos elementos escénicos entran en juego...

GABO.— Lo más difícil de lograr con los niños es que accedan a oír *otro* cuento. Uno les cuenta *Caperucita Roja* –o se los pone en un disco o en vídeo– y al otro día va a contarles *Blancanieves* o *El gato con botas*, por ejemplo, y el niño lo rechaza: quiere volver a oír *Caperucita Roja*. Y tienes que complacerlo, o a lo sumo, hacer una trampita mostrándole versiones ligeramente distintas, aunque entonces corres el riesgo de que el niño se pase todo el tiempo rectificando las variantes como si fueran errores. Nuestro gran triunfo consistiría en lograr que el niño entienda que los cuentos pertenecen al mundo de la ficción y que ese mundo tiene innumerables vías de acceso. Se puede entrar a él por cualquiera de sus puertas. Uno no tiene por qué encerrarse en un solo espacio, porque *todos* los espacios de ese mundo están encantados y vale la pena conocerlos.

JORGE ALÍ.— Es más, el niño se aficiona a determinados pasajes, a determinadas escenas, y quiere detenerse en ellas, exige que uno les dedique más tiempo.

GABRIELA.— Ésa es una de las características del mito, el placer que proporciona su repetición. El mito se renueva constantemente a través de los ritos, que no son más que un repertorio de signos que te sitúan ante el misterio, ante lo desconocido, pero después, de inmediato, te devuelven al terreno de la rutina. No sé si me explico. Hay un momento de incertidumbre, pero enseguida todo vuelve a estar en orden. El ser humano halla placer en ese juego, como lo halla en el vértigo de la montaña rusa.

GABO.— Lo que más me conmovió de *Edipo Rey* en 1949 fue su enorme parecido con la situación de Colombia. Después, con los años, me di cuenta de que no se trataba de Colombia, sino de la vida, y que podía parecerse a cualquier otro lugar del mundo. Pero volviendo a nuestro tema: ¿Y si los personajes de la película no tuvieran nombre y se identificaran sólo por su carácter?

IGNACIO.— Yo soy de los que ha ido al teatro varias veces a ver *Hamlet* o *La casa de Bernarda Alba* para observar cómo recrean la obra y comparar la puesta en escena con otras anteriores. Pero en el cine, me parece, eso no funciona así. Al cine uno va a sorprenderse. ¿En el original *Edipo* se acuesta con su madre? En el cine yo espero que haga otra cosa.

GABO.— En mi guión se acuestan, pero en Sófocles, no. En Sófocles todo eso sucedió ya.

IGNACIO.— Bueno, yo voy al cine sabiendo que hay un incesto, y para mí no tiene gracia verlo en pantalla. ¡Si Edipo se acostara con la criada...!

GUTO.— Por ese camino terminaríamos como aquel escolar que escribió en su libreta: "La mosca es un incesto".

MANOLO.— Yo me preguntaba, cuando terminé de leer el guión: "¿Esto es *Edipo* o una versión libre de *Edipo*?" Porque cabría la posibilidad de cambiar los nombres e incluso el título de la película –podría llamarse, digamos, *El hombre que burló a la guerrilla*– y sin embargo no habría manera de ocultar que está basaba en *Edipo*...

GABO.— ¿Y tú qué hubieras preferido? ¿Que no lo estuviera?

MANOLO.— Yo sentí que al final la historia se desbalanceaba. Cuando entra Tiresias...

GABO.— El final es Sófocles, sin cambios.

MANOLO.— Yo esperaba algo menos trágico.

GABO.— Bueno, lo que tú estás diciendo, si te he entendido bien, es que tú lo hubieras hecho de otra manera.

MANOLO.— No sé, no estoy seguro.

GABO.— Estás en tu derecho. Lo mejor que tiene una discusión como ésta es que se trata de una típica discusión de cineastas. Uno presenta un guión y nadie lo analiza; cada quien dice o da a entender que él lo hubiera hecho de otra manera. Eso, entre guionistas. Con los directores es todavía peor. Si Jorge Alí no quisiera filmar este guión, yo podría encontrar diez directores dispuestos a hacerlo, pero cada uno a su manera y todos de forma distinta. ¿Saben por qué? Porque la mayoría de ellos se pasa años tratando de hacer *su* película, la película de sus sueños, y a lo sumo logra hacer la que le exigen la industria y el mercado... De modo que cuando les cae entre manos un proyecto como éste, lo toman como pretexto para realizarse y empiezan a decirte: "Esto está bien, pero sería mejor hacerlo de esta otra forma", o "¿Qué te parece si aquí, en lugar de esto, usamos esto otro?" Y al final la historia se te convierte en algo distinto, tan distinto que cuando vas a verla en pantalla casi no la reconoces y tienes que preguntarte: "¿Esto fue lo que yo escribí?"

ELIZABETH.— Noto en el guión una tendencia a presentar el conflicto político colombiano en forma de parlamentos, de discurso. Casi siempre en conversaciones entre el cura y el alcalde. El cura explica el problema de los grupos paramilitares, etcétera. ¿Por qué? ¿No podía darse esa información por medio de imágenes?

GABO.— ¿Y por qué no a través del diálogo?

ELIZABETH.— No siempre el diálogo es la mejor solución.

GABO.— La infuencia de lo teatral no puede negarse. En el guión, sobre todo al principio, hay como un regodeo en los diálogos. Cuando uno empieza a escribir un guión siente el temor de quedarse corto, de no decir lo necesario, y entonces hace hablar de más a los personajes. Después, cuando la historia se encauza y uno comprueba que ha dicho lo que tenía que decir, uno debiera imponerse la tarea de revisar los diálogos, pero lo cierto es que no lo hace, ya sea por pereza o porque se ha engolosinado con ellos, y el resultado es que quedan largos. Y explicativos, por lo general. Es una suerte darse cuenta y poder corregirlos a tiempo. Ahora bien, en este caso, el de *Edipo*, no se puede negar que hay un regusto, un deleite en los diálogos. Es deliberado. Jorge Alí y yo estamos de acuerdo en que la película debe ser teatral. Por supuesto que ha de ser cinematográfica, pero sin negar su estirpe, su ombligo teatral, porque sería absurdo renunciar a ese núcleo de grandeza. Y en definitiva uno no puede "manipular" a Sófocles; es mejor dejarse arrastrar por él.

JORGE ALÍ.— Una de mis preocupaciones consiste en lograr que la película se mueva sobre el filo de la realidad. Quiero decir, habrá un ambiente "real" pero la película no va a ser naturalista; va a tener un tratamiento *distanciado*.

GABO.— Yo creo que eso es lo que ocurre con Tiresias, en el guión. Tiresias nos ha permitido dar un paso más allá de la realidad. No estaría mal que, además de viejo, fuera andino, o negro, y que vistiera una larga túnica...

GABRIELA.— Yo sentí por momentos que la idea de meter en el guión la situación de Colombia resulta un poco forzada. A veces el curso de una de las historias no coincide con el curso de la otra, o no hay continuidad en ciertas situaciones, porque parten de premisas distintas. Tiresias, por ejemplo: uno sabe que posee el secreto de toda la historia, pero él mismo, como personaje...

ELIZABETH.— Es el profeta.

GABRIELA.— No. Es el vidente. Sabe lo que va a pasar. Pero su coherencia dramática se me escapa. Y hay cosas que quedan en el aire, como el caso de Deyanira: está en el pueblo pero no se percata de la situación, de ese proceso que al final se precipita porque no ha podido dosificarse... ¿Y el súbito amor de Edipo hacia Yocasta? Primero establece con ella una relación de frialdad, casi de desafío, y después cae en sus brazos, una secuencia de seducción en la que hierven las pasiones y ya no hay modo de impedir que estalle el volcán.

IGNACIO.— El guión tiene diálogos geniales, dignos de su modelo, pero a mí, francamente, no me encaja eso de que una señora que lleva treinta años sin hacer el amor, sin acostarse con nadie, se muestre de pronto tan promiscua, o mejor dicho, tan desfachatada. Me falta la sustentación, la motivación de ese personaje.

GABO.— ¿Tú no crees ni en el amor ni en la fuerza demoníaca del incesto?

ELIZABETH.— Hay un juego desigual de atracciones: la que ejerce Edipo sobre Yocasta es mayor que a la inversa. Dicho de otro modo: es Yocasta la que desea a Edipo, realmente.

GABO.— De acuerdo. Edipo no da un solo paso en esa dirección. Es ella –por su carácter, por la manera en que está desarrollado el personaje– la que se atreve a dar los pasos que conducen al incesto. Y como la película tiene su tiempo y no podíamos dedicarle diez escenas al crecimiento de esa mutua pasión, una de las dos partes tenía que dar el salto y a esas alturas sólo podía ser ella. Un temperamento así, colocado en una situación como ésa, esperando desde siempre un desenlace semejante... ¿cómo no iba a hacer exactamente lo que hizo?

MÓNICA.— Hay un momento en que ella parece estar en celo, anda prácticamente desnuda por la casa.

IGNACIO.— Ya se dijo: lleva treinta años esperando. Perdió la paciencia.

GABO.— No se trata de eso. Es que llegó el momento. Ella sabe que lo que ha de ser, será.

GABRIELA.— Pero con eso nos alejamos bastante de la sociedad colombiana y sus problemas. Él, arrastrado por la pasión, se mete en su drama personal y se olvida de lo demás. Así que, por un lado, es un personaje valiente, que se enfrenta a situaciones difíciles y complejas, y por el otro, es un ser lastimoso, que no logra sobreponerse a sus debilidades.

GABO.— ¿Él es valiente o se ve forzado a serlo?

GABRIELA.— Bueno, en el pueblo le dicen: "Deponga esa actitud, porque de lo contrario se va a buscar problemas".

GABO.— Espera, no perdamos el hilo de la fábula. Hay ahí un elemento clave que a lo mejor no se da con suficiente fuerza pero que es el más importante de esta historia, por no decir de toda la historia de la literatura: es el *fatum*, el destino. Ellos son así porque están *condenados* a ser así. La predestinación forma parte de sus vidas. ¿Van ustedes a pedirnos motivaciones, encadenamientos lógicos, soluciones realistas?... Nosotros nos atenemos a la idea del *fatum*, la fuerza que lo domina todo, la que hace que se cumpla lo que está escrito.

IGNACIO.— Una versión libre puede proponer alternativas...

GABO.— Pero aquí estamos contando la historia de Edipo. El contexto es otro, pero el personaje es él. ¿Y cuál es el meollo de esa historia? En Tebas se ha desatado la peste. Edipo, Rey de Tebas, va a consultar al oráculo para que le diga cómo conjurarla. El oráculo dice: "La peste se acabará el día que se descubra quién mató al Rey Layo". Pues bien, fue Edipo quien lo mató, ¿no es así? Ése es el *fatum* en acción. Y Edipo, sin saberlo, se acuesta con su madre y tiene hijos con ella. Pero en la pieza de Sófocles ya todo eso sucedió, y lo que Edipo descubre es que el asesino fue él y que eso ya no tiene remedio. Ahora bien, uno puede decidir que *no* trabajará sobre esa historia, y no pasa nada. Pero si uno decide trabajar sobre esa historia tiene que aceptarla como es, y en ese caso, lo mejor es no tratar de meterle mucha lógica ni buscarle muchas explicaciones. Lo que hay detrás de ella es el *fatum*, una fuerza muy superior a la del naturalismo y la lógica aristotélica.

GABRIELA.— Eso puede ser así pero no contradice el hecho de que un personaje tenga o no consistencia dramática, o si se prefiere, verosimilitud. Aquí hay un personaje escindido, una de cuyas partes funciona de acuerdo con la Historia actual y otra de acuerdo con el *fatum*. Y eso crea problemas.

GABO.— Quisiera que alguien acabara de decirme: esa Historia actual es la misma del *fatum*, la peste que el personaje está tratando de conjurar.

JORGE ALÍ.— En este caso la peste es la violencia. Aquí Edipo, como alcalde, tiene que encontrar al asesino de Layo para poder lograr la paz.

MANOLO.— Sí, está claro que a partir de la muerte de Layo, la crisis se agudiza.

GABO.— Layo, señor de vidas y haciendas, tiene que ser vengado.

GABRIELA.— Pero la violencia está ahí desde antes de la muerte de Layo.

MANOLO.— Es lo que justifica la presencia de Edipo.

GABO.— El gran problema es que se trata de una violencia sin fronteras, sin límites... ¿Quiénes la desatan? ¿Dónde se origina? Es el *fatum*, la peste...

GABRIELA.— En todo caso, la diferencia entre la pieza teatral y el guión es que allá todo ocurrió *antes*, todo es antecedente, mientras que aquí todo está ocurriendo, o mejor dicho, va a ocurrir ante nuestros propios ojos.

GABO.— Uno puede escribir lo que le dé la gana siempre que logre hacerlo creíble. Si nadie se cree la historia que uno cuenta, no hay historia. Claro que no todo el mundo va a creer lo que uno cuenta, pero hay que esforzarse por lograr que lo crea la mayor cantidad de personas. Si no, lo menos que uno puede hacer es cambiar de oficio.

ELIZABETH.— Y a propósito de oficio, ¿cómo le llegaron las ideas en el proceso creador? ¿Pensaba usted en la situación de Colombia y decidió que la historia de Edipo podría servir para abordarla, o al contrario, quiso contar en cine la historia de Edipo y descubrió de pronto sus secretas semejanzas con la de Colombia?

GABO.— Lo dije hace un momento: yo leí *Edipo Rey* cuando tenía veintidós años –¡hace casi cuarenta, Dios mío!– y lo que más me impresionó fue su extraordinario parecido con la situación colombiana. Esa situación, entonces, no era igual a la de hoy –por supuesto– pero se parecía bastante; y si arañamos un poco la superficie no tardaremos en descubrir que se parece también a la de ayer, y a la de antier, y a la de siempre... Voy a decirles algo que jamás repetiré en público: creo que la situación colombiana *siempre* será ésa. ¿Acaso no estábamos hablando del *fatum*? Pues ahí lo tienen. Me fascina ese misterio. Aunque si bien se mira –ya lo dije–, una situación semejante no es privativa de Colombia, sino que atañe al ser humano como tal, porque para éste, como se sabe, *todas* las épocas son de crisis. Pero si ustedes insisten en señalar un marco geográfico, bien, digamos que se trata de la América Latina, porque aquí, en este mundo nuestro de cada día, se dan todos los factores que tienden a colocar al ser humano en situación de crisis permanente. En ninguna parte del guión se mencionan lugares; lo que la película cuenta se desarrolla en un espacio simbólico, el filo de una navaja, como decía Jorge Alí.

IGNACIO.— Pero se manejan siglas... Se habla de grupos...

JORGE ALÍ.— Son ficticios.

GABO.— Los colombianos tratarán de identificar esto o aquello, creerán saber de qué se trata en cada caso, pero serán simples conjeturas.

ELIZABETH.— Sin embargo, Mónica, como colombiana, me proporcionó ayer una serie de claves...

GABO.— Es lo que estoy diciendo.

MÓNICA.— Para mí no se trata de ficciones. Esas cosas están en los periódicos. Las veo a diario.

GABO.— ¿Quieres que te diga una cosa? *Cien años de soledad* es ficción de la primera a la última página, pero desde hace años los maestros de literatura, los turistas y no pocos lectores han adoptado la costumbre de ir a Aracataca –el pueblo donde nací–, a ver con sus propios ojos cómo es Macondo. Y lo exploran concienzudamente, hasta el punto de que han encontrado el árbol donde amarraron al Coronel Aureliano Buendía y el jardín desde donde Remedios subió al cielo. Fíjate en las vueltas que da la vida. Hay niños en el pueblo que no habían nacido cuando la novela se publicó, y que por supuesto no la han leído nunca, pero constantemente están oyendo hablar de ella a los visitantes y a algunos vecinos... Pues bien, esos niños, con un entusiasmo digno de mejor causa, se lanzan a cazar turistas en la estación de autobuses de Aracataca: "Vengan a ver la casa de Remedios", les dicen, "yo los llevo a ver el árbol del Coronel Buendía"... De más está decir que de las casas y los árboles de mi infancia no queda ni la sombra, pero no importa, nobleza obliga. Otro ejemplo, más drástico aún: el de la masacre de las bananeras. Eso de la gente que se reunió en la plaza y no aceptó el ultimátum del ejército..., bueno, eso ocurrió el mismo año en que yo nací. Crecí oyendo hablar de ese drama y fui haciéndome una imagen de todo aquello... Y un buen día, cuando quise reconstruirlo para la novela, me di cuenta de que no tenía ninguna información documental, ningún dato fidedigno sobre la matanza. Empecé a averiguar y al cabo me quedó una sola duda: ¿Los muertos habían sido tres o siete? Cuando uno ve la placita donde estaban los trabajadores, y piensa en el movimiento sindical de la época, en un pueblito como aquél, llega a la conclusión de que no debieron ser más de tres o siete, efectivamente. Pero ya yo tenía escritas las dos terceras partes del libro y me dije que en una historia donde la gente sube al cielo y hace cosas semejantes, no tenía sentido meter *sesenta* personas en una placita y ocasionarles *tres* muertos. Así que lo que hice fue llenar de gente una plaza enorme y disparar a mansalva y ocasionar *tres mil* muertos, una verdadera masacre, a la altura de la novela. Además, estaba atrapado en un círculo vicioso, porque yo había hablado antes de un tren con muchísimos vagones, uno de esos viejos trenes bananeros tan largos que tenían que llevar una locomotora delante, halando, y otra detrás, empujando, para poder trasladar al puerto todo el banano. Esos trenes demoraban horas en pasar. Los recuerdo perfectamente. Había un barrio en el pueblo cortado por la línea del ferrocarril y para llegar allí, cuando pasaba el tren, uno tenía que armarse de paciencia y sentarse a esperar... Arrastraban como cuarenta vagones, que no es poco, pero en la novela yo necesitaba que fueran doscientos. Y como esos vagones, después de la masacre, tenían que llenarse de muertos –para echarlos al mar, como bananos podridos–, yo necesitaba meter mucha gente en la plaza y desatar allí una balacera que produjera cuando menos tres mil muertos. ¿Qué pretendía yo, con esa manipulación? ¿Documentar la matanza de las bananeras? No. Lo que yo quería era trasladar al espacio imaginario de *Cien años de soledad* el impacto que la evocación de ese suceso había producido en mí cuando yo era niño. Previamente la memoria colectiva había pasado el hecho a mi memoria, y ahora yo podía evocarlo, exagerándolo, como si lo hubiera vivido. Pero la cosa no termina ahí. Lo lindo es ver cómo la ficción puede llegar a suplantar la realidad, cómo un buen día la fábula se hace Historia. Resulta que en uno de los aniversarios del episodio de las bananeras, el senador de la región hizo un discurso en el Congreso protestando porque no se conmemoraba como era debido aquella fecha histórica, "la tragedia donde tres mil compatriotas sacrificaron sus vidas en aras de...", etcétera, etcétera. Y cuando yo abro el periódico y leo aquello, me digo: "Esto ya es el despelote". En fin, volviendo a lo nuestro: aquí lo importante no es si se trata de Sófocles o no, si el marco histórico es Colombia o no, sino, simplemente, si lo que se cuenta es verosímil o no, si el espectador puede llegar a creérselo o no... Ustedes han opinado francamente sobre eso. Ahora le toca a Jorge Alí recrear esta historia y darle credibilidad en pantalla.

JORGE ALÍ.— En cuanto pasemos de la teoría a la práctica veremos que lo que adquiere más peso es el elemento visual. Aquí todavía estamos ante el texto y por tanto lo que se nos impone es la palabra, el diálogo, la acción interna de los personajes; pero en cuanto comencemos a filmar se irá añadiendo el marco, el paisaje, la encarnación del mito en un espacio determinado. Yo tengo en la cabeza un archivo de imágenes que abarca los diez últimos años de historia de mi país tal como ha quedado registrada en los noticieros. Es un archivo lleno de cadáveres, cuerpos abandonados en los corredores, en los anfiteatros de los pueblos después de las acciones guerrilleras... ¿Quién de nosotros no ha tenido que llorar en estos años la muerte de diez amigos? Toda esa demencia es como una plaga, como una peste... No es fácil traducir todo eso al lenguaje audiovisual, a partir de una propuesta literaria donde ni siquiera las locaciones están descritas... El rodaje tendrá que aportar la presencia física, la imagen concreta que sirve de marco al avance de la peste.

GABO.— Que uno *escriba* una escena no quiere decir que la *describa*, cierto, pero uno la tiene en la cabeza, y si está familiarizado con el proceso de filmación, es probable que se la imagine en términos de encuadres y movimientos de cámara, que vea a los personajes entrar y salir...

JORGE ALÍ.— No le corresponde al guionista ocuparse de eso.

GABO.— Jamás he visto una película cuyo guión haya sido escrito por mí donde el encuadre corresponda al que yo tenía en mente. Hay que advertírselo a los guionistas jóvenes, a los debutantes, para que no se mueran del susto cuando vayan a ver sus películas.

GABRIELA.— Por eso yo voy a los rodajes, para tener una idea...

GABO.— Yo no. ¿Y sabes por qué? Porque a los directores no les gusta. Dice Ruy Guerra que él detesta a los guionistas que andan fisgoneando en el *set*, porque aunque resistan la tentación de opinar, el director no puede dejar de sentir su mirada en la nuca, la sensación de que lo observan y lo juzgan. Por eso dice Ruy: "Mis dos autores favoritos son Shakespeare y Gabo. Shakespeare, porque está muerto, y Gabo, porque se hace el muerto". Yo lo que hago es esperar a que estén los *rushes* o el primer corte para dar mi opinión.

ELIZABETH.— Habrá casos en que usted se decepcione con el resultado, pero otros en que sienta que el material supera sus expectativas, ¿no es así?

GABO.— Es inevitable que viendo los *rushes* uno se remita mentalmente al guión, pero como profesional sabe que el destino del guión es subordinarse, mejor dicho, subsumirse en la película. A mí me gusta ver *rushes* y, sobre todo, asomarme a la moviola, porque me doy cuenta de que ése es el minuto de la verdad, el momento en que todo está hecho pero nada es definitivo aún, en que todavía es posible corregir y mejorar, e inclusive sugerir algo que no se previó o darle un sentido distinto a toda una secuencia. En términos de creatividad el montaje es una maravilla.

GABRIELA.— Para mí es admirable que tantas personas pongan su energía y su talento en función de un objetivo que las trasciende...

GABO.— No me estoy quejando. Al contrario, comparto tu opinión. Lo que pasa es que cuando escribo una novela la veo desplegándose en el tiempo, en el espacio de la vida, mientras que cuando escribo un guión, cuando describo una escena, la veo *encuadrada*, como a través del ojo de la cámara. No es que yo indique emplazamientos ni movimientos de cámara, es que no puedo dejar de imaginar la historia en términos de puesta en escena y de montaje. Uno ha visto demasiadas películas para hacerse el inocente. Estoy seguro de que mi lectura de *Edipo Alcalde* es completamente distinta de la de ustedes, distinta inclusive de la de Jorge Alí, porque él todavía no ha empezado a rodar la película mientras que ya yo tengo el guión "filmado" en mi cabeza.

JORGE ALÍ.— Supongo que algo semejante ocurrirá con los lectores de novelas. Cada persona será una especie de director, porque se imaginará la historia que está leyendo según su propia experiencia personal, su formación, sus gustos...

SENEL.— Uno puede imaginar cosas que después la vida se encarga de reescribir. Por ejemplo, el edificio donde viven Diego y Nancy, en *Fresa y chocolate*, debía tener uno de esos viejos elevadores que parecen jaulas, con puertas de rejas que se abren y cierran manualmente. Yo imaginé una conversación de los dos personajes en una de esas jaulas porque los veía formando parte de aquel extraño zoológico donde ambos vivían. A Titón le encantaba la idea. Pero resulta que no encontramos en toda La Habana uno de esos elevadores que funcionara: todos estaban rotos. Así que, al final, tuvimos que desarrollar los diálogos en una escalera. Y no es lo mismo.

GABO.— Por cierto, el personaje de Edipo va a ser interpretado por Jorge Perugorría, el Diego de *Fresa y chocolate*.

JORGE ALÍ.— Y la Yocasta será Charo López. ¿La conocen?

IGNACIO.— Esa mujer llena ella sola la pantalla.

GABRIELA.— ¿Será un reparto latinoamericano?

GABO.— Nobleza obliga. Digo, Producción obliga. ¿Tú viste *Tiempo de morir*, la película de Ripstein?

GABRIELA.— Tengo entendido que Jorge Alí...

GABO.— Sí, Jorge Alí filmó una versión, en colores, pero la primera que se hizo, en blanco y negro, fue la de Ripstein.

JORGE ALÍ.— Pensábamos que Jorge Martínez de Hoyos –el actor que interpreta al personaje del forastero– pudiera hacer en *Edipo* el papel de cura.

GABO.— Jorge es un gran actor. A mí me parece que daría un cura impecable.

GABRIELA.— ¿Es un cura españolizado?

JORGE ALÍ.— No tiene por qué serlo.

GABO.— El personaje real que me sirvió de modelo fue Monseñor Arnulfo Romero, el obispo de San Salvador.

JORGE ALÍ.— Yo conocí a un obispo en Florencia que se le parece.

GABRIELA.— Me imaginé al personaje más moreno, de piel más oscura...

GABO.— ¡Qué maravilla es el cine! Si en lugar de un guión hubieras estado leyendo una novela, ¿habrías pensado en la tez, en el color del personaje?

GABRIELA.— ¿Por qué no? Un cura que trabaja con los pobres, en un movimiento de liberación...

JORGE ALÍ.— Yo, en cambio, lo veo como un cura blanco, porque lo asocio con este monseñor que conocí en Florencia, muy vinculado a la guerrilla.

PITUKA.— A mí el cura no me plantea problemas. En cambio, Tiresias, ¿por qué, siendo tan importante, aparece tan poco en la película?

GUTO.— Es verdad. La primera vez que se cruza con Edipo va con su perro y, pese a ser ciego, se acerca al otro y le habla. En cambio, la segunda vez sigue de largo... ¡iba a decir "como si no lo viera"! ¿Por qué no se detiene y lo saluda? Edipo quedaría de lo más intrigado: "¿Cómo me vio, si es ciego?"

JORGE ALÍ.— La cámara puede subrayar ese gesto de reconocimiento, sin precisar si está dictado por la vista o por el olfato.

GABO.— Tú tendrás que arreglártelas, Jorge Alí, para dejar claro que Tiresias "ve" con los ojos de su perro. Ese es un dato que no se puede perder. Si se pierde, perdemos al personaje.

ELIZABETH.— Volvemos al principio: uno siente que Tiresias "desaparece" sin justificación. ¿Por qué no asociamos su profecía con el destino de Edipo, cuando se empieza a desvelar el misterio? Edipo nunca establece una relación entre la profecía y lo que le ocurre a él. Hace falta un elemento que nos devuelva a Tiresias.

GABO.— Tal vez Edipo no hace esa asociación, pero el espectador, sí.

ELIZABETH.— Bueno, no estoy tan segura.

GABO.— Guárdame el secreto: la manipulación de Tiresias fue algo deliberado. En Sófocles, el personaje es tan fascinante que por momentos se roba el *show*. Yo, lo confieso, estuve a punto de eliminarlo para evitar que me robara el *show* a mí. Y ahora resulta que ustedes quieren que le dé la alternativa.

MANOLO.— En algún momento usted dijo que Tiresias debía ser negro. ¿Y por qué no albino?

GABO.— Negro, indio o albino, ¿qué más da? Lo que importa es que se imponga por su presencia.

GABRIELA.— Y que contribuya a articular la investigación de Edipo.

GABO.— Ahí puede haber una falla mía, que soy viejo lector de novelas policíacas. Armar la intriga de una novela policíaca es muy fácil, pero desarmarla –o sea, aclarar el misterio– es dificilísimo: uno siempre se queda por debajo de las expectativas. Cuando escribí *Crónica de una muerte anunciada* tuve ese problema: al terminar el primer capítulo, me dije: "Hmmm, ya caí en la trampa de la novela policíaca". Porque en algún momento se dice que al tipo lo van a matar y entonces se crea la duda, que si lo matan, que si no lo matan... Y pensé:

"Habrá lectores que se salten capítulos enteros para ver si lo matan o no lo matan, y se me jode la novela, así que lo mejor es cortar por lo sano: lo matan. Ahora, ¿quieren saber *cómo* lo matan? Entonces tienen que tragarse el libro completo".

GABRIELA.— A mí también Tiresias se me hace un personaje fascinante en el guión, a pesar de sus escasas intervenciones. Pero el problema es que se me pierde, creo que le falta continuidad...

GABO.— En pantalla no debe dar esa impresión. Cuando lo veas físicamente, no vas a olvidarlo.

GABRIELA.— Y en el caso de Layo, todo el pueblo sabe lo que ocurre, pero nosotros, no. Jamás vemos sus sueños, no nos enteramos de quiénes sabían, ni cómo sabían, pero de repente sale el dato en una conversación: "Todo el mundo me ha dicho..." ¿Todo el mundo? ¿Y el espectador qué? ¿Y Edipo qué?

JORGE ALÍ.— Edipo no lo sabe *aparentemente*. O mejor dicho, *conscientemente*. Pero en el fondo lo sabe. Y quiere que se lo nieguen. Ésa es la gran tragedia.

GABO.— Él quiere y *no* quiere que se lo nieguen. Pero está dicho, ella misma lo dice: "Te llenas la cabeza de obsesiones". Él lo sabe, lo tiene claro desde siempre. Pero la realidad es más rica de lo que enseñan en las escuelas. ¿Por qué decide él volver al pueblo? Trata de explicarlo diciendo que nació allí, que allí su padre fue comandante del ejército, en fin... Pero va allí porque lo arrastra el *fatum*. Si no damos ese costado trágico, esa condición de títere que adquiere el ser humano ante el destino, entonces...

JORGE ALÍ.— Un momento, Gabo. No me parece que eso esté claro en el guión.

GABO.— ¿Qué?

JORGE ALÍ.— Eso de que él llega allí porque quiere.

GABO.— Lo estoy diciendo ahora.

JORGE ALÍ.— Pues sería bueno incorporarlo al guión.

MANOLO.— A él le dicen una y otra vez: "No vayas." Pero él insiste.

GABRIELA.— *Tiene* que ir. Tiene que actuar como alcalde del pueblo.

GABO.— Exacto. La poesía no se explica. Si explico una metáfora, la seco. La poesía comunica... y ya es bastante. Hay que comunicar una atmósfera, una sensación, una sospecha que permita entender el fondo de la cuestión. Las explicaciones sobran.

IGNACIO.— Pero un personaje puede oscilar entre dos extremos, dada su doble condición de títere y de persona dueña de su albedrío... Edipo, en manos de Yocasta, es objeto que ella manipula a su antojo; pero en algún momento él dice que tiene miedo de perderla... ¿Es que ambas opciones son válidas?

GABO.— Edipo no conoce la profecía.

IGNACIO.— Entonces, ¿cómo se ha enamorado? ¿Porque sí? Él no tenía el propósito de...

GABRIELA.— El destino incluye también esa opción, la de verse arrastrado por ella.

JORGE ALÍ.— Y otras, como la de ir a verla... Recuerden que va solo, en el *jeep*. Podríamos hacer que se detenga, que baje un momento... El espectador se preguntaría: "¿Se va a matar?" Él ve entonces cómo pasan a lo lejos las huestes de Creonte, pero ya eso no le interesa, ha dejado de ser su problema. Siguen pasando los grupos armados, el mundo no se detiene...

GABRIELA.— Ésa es una posibilidad. La otra sería hacer cambios en el guión. Mi filosofía es: "En el papel todo se puede hacer".

GABO.— ¿Me lo dices a mí, que vivo de eso?

GUTO.— Parece que nos queda tiempo todavía, Gabo. ¿Por qué no nos cuenta alguna de sus obsesiones recurrentes?

MANOLO.— *Intermitentes*, Guto.

CUARTA PARTE

Un paquete, un complot, un piano, un bolero...

GABO.— Hoy me he levantado de buen humor, con ganas de trabajar horas extra. Los invito a aprovechar la jornada. ¿Se acostaron muy tarde ayer? Vamos, anímense, aquí no caben los remolones; el Taller es como la guerrilla, no puede forzar la marcha, tiene que adecuar su paso al ritmo del más lento. ¿Quién se brinda como voluntario para abrir el fuego?

PITUKA.— Acepto el desafío, don Gabriel, aunque mi proyecto todavía no está bien definido. Se trata de una mujer joven –menos de treinta años–, de profesión periodista, que regresa a su país, Panamá, a fines de la década del ochenta, y se encuentra con la noticia de que su hermana –a la que hace dos años que no ve– se ha suicidado. ¿Por qué? Nadie lo sabe. Y es un golpe terrible para ella, porque se sentía muy unida a su hermana, soñaba desde hacía meses con este reencuentro... Ahora, en el cuarto vacío de la difunta, repasa álbumes de fotos, evoca recuerdos comunes, y de pronto abre un cofre donde ambas, de adolescentes, solían guardar mechones de pelo y joyas de fantasía... y descubre una carta de su hermana dirigida a ella, advirtiéndole que si algo le ocurriera –a ella, la suicida–

busque un paquete en el lugar que ella sabe y, *sin abrirlo*, lo entregue a un tal Joaquín, en la dirección tal y mascual. ¿Por qué sin abrirlo? Porque si lo abriera –le explica– su vida peligraría. Bien, la mujer va, encuentra el paquete en un escondite de la cocina y se las arregla para localizar discretamente al tal Joaquín. Éste resulta ser el jefe de un movimiento subversivo que opera en la más absoluta clandestinidad. De algún modo, va poniéndose en evidencia que a la hermana la mataron y que hicieron aparecer su muerte como suicidio.

GABO.— Entonces, la acción se desarrolla en torno a las actividades de la periodista y de Joaquín.

PITUKA.— Hay elementos de espionaje en la intriga, porque el gobierno de una nación extranjera quiere intervenir en los asuntos internos de Panamá...

GABO.— Una nación extranjera...

PITUKA.— ...y la pareja –ella y Joaquín– van a tratar de impedirlo. Al final resulta que tanto los ingerencistas como ciertos miembros del régimen militar que están en contubernio con ellos, deciden eliminar a la pareja, porque obstaculizan sus planes...

GABO.— ¿Y el paquete? ¿Qué contenía el paquete?

PITUKA.— Documentos, papeles que probaban muchas cosas... La hermana –la presunta suicida– era secretaria de un alto funcionario del régimen y tenía acceso a esa documentación.

GABO.— La historia arranca bien, pero ¿por qué un paquete de documentos? Eso podría venir después, pero de entrada no crea ninguna expectativa... ¿Por qué dentro del paquete no hay, digamos, algo misterioso... una bailarina de cuerda, por ejemplo?

PITUKA.— Lo de los documentos se me ocurrió ahora mismo.

GABO.— Imagínate la escena: Joaquín abre el paquete y se encuentra con un montón de papeles. Me parece estar viendo ese *zoom*: un atado de papeles. ¿Y entonces qué? En cambio, si saca una bailarina de cuerda o un crucifijo copto...

PITUKA.— Tiene razón. Necesito elaborar más el proyecto.

GABO.— ¿Y tú, Manolo? ¿Ya tienes listo lo del músico?

MANOLO.— Estoy poniendo en orden mis ideas.

GABO.— ¿Todavía? Bien, tómate tu tiempo... A ver, Mónica, te veo deseosa de entrar en acción.

MÓNICA.— Tengo la historia bastante elaborada. He venido pensando en ella desde hace tiempo. Se desarrolla en Bogotá, en 1948.

GABO.— El 9 de abril, seguramente. En pleno Bogotazo.

MÓNICA.— Termina en ese momento. La protagonista es una niña judía, de diez años de edad, cuya familia huyó de Polonia y llegó a Bogotá cuatro o cinco años antes, cuando aún no había terminado la guerra.

GABO.— O sea, la niña tenía entonces cinco o seis años. No hablaba español; hablaba polaco o alemán.

MÓNICA.— Pero ahora lo habla perfectamente. Los padres no, los padres hablan un español macarrónico... El único problema de la niña es que no puede olvidar a Hitler. Está segura de que vive, aunque la familia le dice y le repite que murió.

GABO.— Está traumatizada por los recuerdos de la guerra. Por lo que vivió y por lo que ha oído contar. Continúa, Mónica. Cuéntanos la historia como Dios manda: "Érase que era una vez una niña judía..." No tiene nada que ver con Ana Frank, ¿verdad?

MÓNICA.— Estamos én Bogotá, a principios de 1948, un mes antes de que estalle el Bogotazo. En la zona del centro de la ciudad vive desde hace años una familia judía, algunos de cuyos miembros pasaron por los campos de concentración. El miembro más joven de la familia es una niña de diez años, que padece un trauma relacionado con la figura de Hitler. La historia se titula, precisamente, *Pequeño complot para matar a Hitler*.

GABO.— Para matar a Hitler en el corazón de Bogotá... Curiosa metáfora.

MÓNICA.— La niña vive muy encerrada en sí misma. Le cuesta mucho comunicarse, desde el punto de vista emocional. Casi no tiene amigos. Los vecinos y los padres de los escolares se han dado cuenta del problema y tratan de que sus hijos jueguen con ella, la invitan a pasear, pero casi siempre sin resultados. Un día van unos compañeritos de la escuela a visitarla, y cuando entran a su cuarto ella se arrincona, asustada, preguntando si Hitler no los habrá visto llegar. "Si ese señor les preguntara por mí, no digan que me conocen, por favor, no vayan a decirle dónde vivo..."

GABO.— ¿Qué está haciendo la niña cuando los amiguitos se asoman a su cuarto?

MÓNICA.— Está jugando con sus muñecas. Tiene muñecas de trapo y conversa con ellas, las regaña... Es un mundo muy íntimo el suyo, muy personal.

GABO.— Esa relación puede resultar reveladora.

MÓNICA.— A menudo la niña se niega a ir a la escuela, incluso a asomarse a la puerta de la calle.

GABO.— Y los padres, preocupados, le compran un velocípedo, unos patines...

MÓNICA.— En vano. Tiene pánico de salir porque está convencida de que allá afuera, en alguna parte, hay un hombre llamado Hitler que la va a matar.

GABO.— ¿Cómo se imagina ella a Hitler?

MÓNICA.— Los amiguitos que la oyeron hablar de él tratan de averiguar quién es, pero en lugar de preguntarles a sus padres se lo preguntan a una vieja sirvienta, muy charlatana y supersticiosa, que al ver la cara de susto de los niños les dice lo primero que se le ocurre: que es un hombre muy malo, de pelo negro y bigote, etcétera, etcétera.

GABO.— ¿Nadie les cuenta la verdad, o les muestra la foto de una revista, o les habla de la guerra?

MÓNICA.— Eso es algo que habrá que trabajar. La información o falta de información que pudo haber existido sobre Hitler, en ese contexto, tiene que resultar convincente.

GABO.— Lo curioso es que si les preguntaran a sus padres podrían recibir mecánicamente la misma respuesta: es un hombre malo, etcétera. Tratándose de niños, los adultos consideran fastidiosas esas preguntas.

MÓNICA.— Y alguien puede decir que era alemán. Los niños han oído a los judíos –a los padres de la niña, por ejemplo– hablando yiddish o alemán.

GABO.— O polaco. Para ellos, cualquiera de los tres sería lo mismo, una jerga incomprensible.

MÓNICA.— Es un dato importante, resulta que desde hace años vive en Bogotá un austríaco que tiene una farmacia. Este hombre, de pelo negro y bigotes, muy antipático, puede en algún momento hablar alemán delante de los niños, y bastará para que ellos crean –o confirmen– que es el Hitler que andan buscando.

MANOLO.— ¿Todavía en esa época se manejaba la posibilidad de que Hitler no hubiera muerto?

GABO.— En algunos sitios, quizás... Pero se sabía que el cadáver había sido incinerado y que por eso no apareció.

MANOLO.— La niña ha oído rumores... Lo que los niños creen es que Hitler vive y que, con otro nombre y otro aspecto, ha ido a esconderse a Bogotá.

GABO.— A esconderse... o a perseguir a la niña. Los adultos pueden alentar el temor diciendo que es cierto, que Hitler era un monstruo y que desapareció de Alemania sin dejar rastro. ¿Qué más necesitan los niños para convertirse en caballeros andantes?

MÓNICA.— Y un día el "monstruo" toma forma en la figura del farmacéutico, un hombre hosco, antipático, que habla alemán..., y todo lo demás.

GABO.— ¿Te sirve de algo que el hombre sea farmacéutico? ¿Va a preparar un veneno que aumente la sospecha de los niños?

MÓNICA.— Es que él tiene amores con una mujer casada y el marido, sin conocerlo, anda detrás de él...

GABO.— Ahora sí la enredaste. ¿Qué tiene que ver eso con la farmacia?

MÓNICA.— Me pareció que era el sitio ideal para un encuentro semiclandestino. La mujer podía entrar y permanecer adentro un rato, esperando que le pusieran una inyección o le prepararan una pócima. Es normal que los farmaceutas hagan las veces de médicos.

GABO.— Bien. Entonces los niños, que han descubierto al fin al verdadero Hitler, deciden matarlo.

MÓNICA.— ¿Cómo el "verdadero"?

GABO.— Doy por descontado que los niños, en medio de su nerviosismo y su paranoia, han encontrado antes dos o tres candidatos para el puesto de Hitler, pero los han tenido que descartar... Hasta que aparece el farmacéutico, que llena *todos* los requisitos.

MÓNICA.— Pueden haber dado inclusive con un retrato de Hitler, pero deducen, muy sensatamente, que para cumplir su terrible misión el hombre debió cambiar de aspecto.

GUTO.— Se disfrazó de boticario.

GABO.— Lo primero que haría Hitler en una situación como esa es afeitarse el bigote y rizarse el pelo. Aquí lo importante es que los niños estén convencidos de que lo han encontrado. Si ellos aseguran que el farmacéutico es Hitler, el farmacéutico *es* Hitler. No hay que darle más vueltas.

MANOLO.— Claro que lo ideal sería que se pareciera, como el barbero de *El gran dictador*.

MÓNICA.— A veces he pensado que un día los niños podrían sorprender dormido al farmaceuta, tras una borrachera, y aprovecharían la ocasión para ponerle un bigotico, por ejemplo. Me gusta la idea de crear simulacros de comprobación, o de ejecución, o de atentados que obviamente resultarían fallidos.

GABO.— Aclárame algo: tu historia ¿es la de una niña obsesionada con la figura de Hitler, o la de unos niños empeñados en encontrar y matar a Hitler?

MÓNICA.— Las dos se entrelazan, ¿no? Y hay una tercera, la del marido burlado... Pero la película en conjunto podría describirse como la historia de dos asesinatos con una sola víctima.

GABO.— Olvidemos por un momento lo del adulterio. Tratemos de concentrarnos en los niños. ¿Por qué la niñita ha ido pasando a un segundo plano?

MÓNICA.— Toda la acción de los niños se desarrolla en función de ella.

GABO.— Pero ella misma, ¿no ha quedado como una simple referencia?

MANOLO.— Una presencia ausente.

GABO.— Está bien. Dejémoslo así. Si la necesitamos, volveremos a buscarla.

MÓNICA.— Cuando los niños creen haber descubierto a Hitler, le piden a la vieja sirvienta que les prepare un veneno, un mejunje diabólico, de esos que se hacen con tres cabezas de sapo, cinco patas de araña y una cola de lagartija.

GABO.— Dime la verdad: la vieja era la sirvienta de tu abuela, ¿no es así?, aquélla que echaba fuego por todos los poros...

MÓNICA.— No había pensado en eso.

GABO.— La historia está muy bien. Tiene miga, implicaciones muy serias.

MÓNICA.— Ésa era una de las cosas que quería saber: ¿vale la pena? La otra es: ¿las situaciones –tanto las maniobras de los niños como la venganza del marido burlado– resultan verosímiles?

GABRIELA.— Pero los niños, ¿llegan a ejecutar su plan?

MÓNICA.— Lo ejecutan, sí, pero todo queda en un simple acto ritual, cosa que ellos no llegan a saber. Para ellos eso de preparar una pócima con tres ojos de rana, una cola de lagartija y cuatro pelos de mujer es una cosa muy seria, pero para el espectador es parte de un juego. Ahora bien, mientras los niños llevan a cabo su plan, el marido burlado...

MANOLO.— ¿Qué haces con esa grabadora?

MÓNICA.— Escuchen.

GABO.— Eso es alemán. No será la voz de Hitler, ¿eh?

MANOLO.— Hitler en la Escuela Internacional de Cine y Televisión de San Antonio... ¡Qué escándalo!

MÓNICA.— Quizás el marido burlado también esté siguiendo el rastro de una voz. Escúchenla. Acaba de dar con ella, es decir, con el farmaceuta.

GABO.— Has venido desarrollando la historia paralela, sin decirnos nada.

MÓNICA.— Ambas historias convergen el 9 de abril. Ese día los niños logran que el farmaceuta se tome la pócima –o una cucharada, por lo menos– y el marido burlado lo mata, poco después de sorprenderlo con su mujer. Pero estalla la violencia en las calles, y cuando se descubre el cadáver del pobre hombre, se da por descontado que es una de las víctimas de la violencia.

MANOLO.— Hitler muere, pero nadie tiene la culpa.

MÓNICA.— Los niños, felices, van a buscar a la niña. "No te escondas más –le dicen–. Ya Hitler no podrá hacerte daño. Lo matamos".

GABO.— Me gusta la historia pero todavía la siento un poco descosida. Los niños deciden actuar *para* salvar a la niña; ellos mismos no corren peligro. Creo que es ahí donde la historia se dispersa.

MANOLO.— Sería bueno que algunos personajes adultos –y algunos espectadores también– llegaran a creer, como los niños, que el farmacéutico es Hitler. Por cierto, ¿Hitler no era austríaco?

GABO.— Pero cuidado: ésta es una historia de niños. No debe salir jamás del ámbito de los niños. Si dejamos entrar a los adultos, la historia se desintegra. Aquí la cámara siempre tiene que estar, por decirlo así, a nivel de nuestra cintura, en el radio visual de los niños.

GABRIELA.— Sobre todo para acentuar su visión del farmacéutico.

GABO.— Es que si entran los adultos ahí, eso se jode. Los niños se entregan sin reservas a la imaginación, la creatividad, las premoniciones... Para ellos Hitler es... un marciano, un ser poderoso y maligno al que hay que destruir para salvar a su amiguita.

PITUKA.— A medida que el plan de los niños avanza, la niña podría ir saliendo de su encierro, involucrándose más en la acción.

GABO.— Hay que seguir construyendo la personalidad de la niña. Todavía no es suficientemente compleja. Toda la situación que servirá de detonante –desde el conflicto mismo hasta la información sobre el villano– tiene como centro a la niña.

GABRIELA.— Y hay que lograr que el personaje del farmacéutico vaya identificándose, sin saberlo, con la imagen de Hitler. Los niños verifican sus sospechas a partir de una serie de elementos que les suministra el propio personaje, sin darse cuenta.

MANOLO.— Buena tarea para el guionista.

GUTO.— Y para el director, y los actores, y todo el equipo.

GABRIELA.— Un buen día los niños observan que en la farmacia o en la casa del hombre hay una bota. Parece una bota militar. En su imaginación la bota se agiganta, porque la asocian con las que han visto en fotos de la guerra. Y se dicen: "Es este cuate, sin duda".

GABO.— Cuando ellos, en medio de sus pesquisas, sospechan de un personaje, corren a ver a la niña y se lo describen. "No es él –dice ella–, porque tiene tal cosa o le falta tal otra..." Los datos sobre el farmacéutico, en cambio, encajan perfectamente.

MANOLO.— ¿Pero ella no lo va a ver, con sus propios ojos?

GABO.— No se atreve. Si es Hitler, como cree, sólo accedería a verlo muerto.

GABRIELA.— Debe quedar claro que no son los niños los que lo matan.

MÓNICA.— No. Pero ellos creerán que sí.

PITUKA.— El hecho real es que el hombre muere. Por la cuestión del adulterio.

GABO.— Hay que darle mucho hilo a esa historia. No se puede forzar. Tenemos que sumergirnos en ella, como en una corriente, y dejar que nos arrastre. Puesto que *ese* Hitler sólo existe en la imaginación de la niña, ella es la única que sabe quién es y cómo es. Por lo tanto, sólo ella lo puede identificar. Pero hay un problema. Le dicen: "Ven a verl". Y ella: "No. Si me ve, me atrapa". A mí me parece un cuento infantil –un cuento precioso y terrible– que hay que mantener bien sujeto, para que no se disperse. A ver, ¿a quién se le ocurre algo que nos permita avanzar?

GUTO.— La niña no tiene por qué ser la única en sentirse amenazada. Si el tal Hitler es tan malo, es un peligro para todos.

Ella puede incluso comentar con sus amiguitos que si él logrará matarla a ella, trataría de matarlos a ellos también.

MANOLO.— Como cómplices de ella.

GABO.— ¿No estaremos haciendo una versión libre de *El flautista de Hamelin?*

GUTO.— Es verdad lo que él dice, que debe ser el propio farmacéutico quien dé pie para la confusión.

GABO.— ¿Quién dice?

GUTO.— Aquí, Manolo, hablando bajito conmigo. A ver qué les parece: un día el hombre viene borracho y uno de los chicos lo saluda y él, en broma o inconscientemente, levanta el brazo, en un gesto que recuerda el saludo nazi, y dice algo en alemán.

MANOLO.— Que no sea "Heil, Hitler!", por favor.

GABO.— Pero si es el niño quien hace el saludo, lo más probable es que el hombre lo amoneste: "Hijo, no juegues con eso, es una cosa muy fea..."

GUTO.— El niño *no* hace el saludo nazi. Pero como el hombre viene borracho...

MÓNICA.— A mí esos equívocos me gustan porque acentúan la idea de juego. Y en una historia de niños, que es en definitiva lo que quiero hacer...

GABO.— Cuidado con los niños, que pueden ser impredecibles. Uno nunca sabe hasta dónde son capaces de llegar...

GABRIELA.— Pero Mónica debe tener eso muy claro: cuál es la frontera entre lo que *quieren* hacer y lo que se *atreven* a hacer. En mi opinión, los niños no deben ejecutar su plan.

MANOLO.— ¿De qué se trata?, ¿de que el farmacéutico no llegue a tomarse el mejunje?

GABRIELA.— O de que ellos no lleguen a dárselo.

GUTO.— Un día entran al cuarto del hombre, para sustituir un medicamento que él siempre tiene sobre la mesita de noche, y descubren que el hombre está muerto.

MÓNICA.— Y eso pasa el 9 de abril.

GABRIELA.— O la noche anterior.

GABO.— Ya no necesitas el Bogotazo, Mónica.

MÓNICA.— ¿No? ¿Por qué?

MANOLO.— A mí, la idea del Bogotazo me gustaba.

GABRIELA.— A mí también.

GABO.— Déjenme pensar. Sería terrible que la niña creyera que eso que está ocurriendo allá afuera es obra de Hitler. Sería un acto de crueldad por parte nuestra. La familia entera, que vive en el centro, ¿no tendría que evacuar la casa y buscar un sitio donde ponerse a salvo? Reconstruir esa atmósfera, Mónica, el nivel de violencia y destrucción que imperaba en las calles, costaría una fortuna. A menos que decidas filmar en blanco y negro para poder utilizar en el montaje los materiales de archivo, tanto documentales como fotos fijas... En fin, estoy pensando en voz alta. Mi temor es que la historia se dispare en varias direcciones y se nos escape de las manos, como un chorro de agua.

MÓNICA.— Para mí, el gran problema sigue siendo el propio Hitler. Porque son los niños los que tienen que darle verosimilitud al personaje.

GABO.— Necesitas por lo menos dos Hitlers fallidos, para que cobre fuerza la afirmación de la niña, cuando le describan al tercero: "Ése es". Dos Hitlers apócrifos antes de llegar al "legítimo", ¿entiendes? Con un trío basta. Un dúo sería poco y un cuarteto, demasiado.

GABRIELA.— Todos tendrían oficios distintos.

GABO.— Pero que ninguno sea pintor.

MANOLO.— Ni barbero.

GUTO.— Al farmacéutico lo descubre uno de los niños por casualidad. La madre lo manda a la farmacia a comprar jabón y el farmacéutico le da uno sin envase, con olor a sebo, y le dice: "Éste es el mejor".

MÓNICA.— No le veo la gracia.

MANOLO.— Es un chiste cruel.

GUTO.— Lo que quiero decir es que los niños no están en Babia, han oído cosas... El niño huele el jabón y corre a compartir sus sospechas con los demás.

GABO.— El diablo es como es, no necesita caricaturas. Antes de que el niño se vaya con el jabón, el farmacéutico destapa un pomo y le da unos caramelos.

GUTO.— ¿Y el niño los acepta?

GABO.— Sí, pero no se los come. Se los da al gato.

GUTO.— Y el gato los olisquea y se va.

GABRIELA.— O los lame y cae muerto allí mismo.

GABO.— ¿Y si uno de ellos se atreviera a probar los caramelos? No pasaría nada, lo que vendría a demostrar que el farmacéutico *no* es Hitler. Estoy tratando de seguir la lógica del niño y de introducir en el grupo un elemento polémico.

GUTO.— Pero uno de los niños, que ha oído hablar de las tretas del diablo, les haría ver que se trata de una artimaña para confundirlos.

GABRIELA.— De una situación como esa puede surgir la idea de la pócima.

MANOLO.— Con la sirvienta como asesora de brujerías.

GABO.— Esos niños no son ángeles. Son más brujos que las brujas. A lo mejor consiguen un cuchillo y le trepanan el cráneo al pobre hombre, o una escopeta para llenarlo de perdigones cuando lo encuentren en la calle. Las historias de niños tienen esa ventaja, que se puede contar con ellos para cualquier cosa, por disparatada que sea. Los adultos andan disfrazados, tratando de que no se les vean los instintos, pero los niños... Sigue trabajando ese argumento, Mónica; puede salir de ahí una linda película.

MÓNICA.— Espero que no me vaya a pasar como a usted con *El piano*...

GABO.— Ah, ¿ya te conté esa historia?

GUTO.— Perdón, ¿qué historia?

GABRIELA.— Vaya, vaya..., ¿hay secretos en el Taller?

GABO.— Es la historia de un piano. Concluimos el guión mucho antes de que apareciera *El piano*, la película de Jane Campion. ¿Te molestaría oírla otra vez, Mónica? ¿O prefieres salir a descansar?

MÓNICA.— No.

GABO.— Es la *misma* historia que tú conoces... ¡Después no digas que no te lo advertí!

MÓNICA.— Iba a dirigirla Gutiérrez Alea, ¿no es cierto?

GABO.— Sí, pero pasó el tiempo, no encontramos productor... –digo, Titón se peleó con el productor– y de pronto... ¡*El piano*, de la Campion, éxito mundial! ¿Quién va a creer ahora que el nuestro es anterior? Aunque la historia está registrada.

MANOLO.— ¿La de ustedes se llamaba *El piano* también?

GABO.— El título provisional era *Para Elisa*, un pequeño homenaje a Beethoven. En realidad, lo único que tienen en común ambas historias es la idea misma de un piano situado en un contexto insólito.

MÓNICA.— En este caso, zonas inhóspitas de Colombia, dominadas por la guerrilla.

GABO.— Época: años treinta de este siglo. El señor Campuzano, gran oligarca de Bogotá, ha decidido darle a su hija Elisa un piano como regalo de cumpleaños. Elisa es una niña precoz, que no aparenta los siete años que tiene. El padre está loco con ella. Se recibe noticia de que el piano –procedente de Viena o de Berlín– acaba de ser desembarcado en Cartagena, pero habrá que trasladarlo a Bogotá por el Orinoco, porque la zona del río Magdalena está tomada por la guerrilla. El señor Campuzano va a ver al Presidente de la República y lo pone al tanto de la situación. El Presidente llama de inmediato al Ministro de Defensa. "General –le dice–, he comprometido mi palabra. El piano debe estar aquí en la fecha prevista, cueste lo que cueste". "Despreocúpese, señor Presidente –responde el ministro–. Así será". Se ha dado cuenta de que a su futuro yerno –el joven oficial que al día siguiente desposará a su hija– se le ha presentado la gran oportunidad de su vida. "Aplaza la boda –le dice–. Cuando vuelvas, serás ascendido y probablemente condecorado. La ceremonia nupcial tendrá entonces otro rango". El joven no lo piensa dos veces. Ese mismo día reúne las tropas y los recursos necesarios para entrar en campaña y parte a buscar el piano. Se inicia el traslado. Los guerrilleros, al ver la cantidad de recursos que se han movilizado para transportar aquella enorme caja, suponen que debe contener algo muy importante y deciden impedir por todos los medios que llegue a su destino.

La película es eso: la historia del lento, costoso, fatigoso avance de la caja, milímetro a milímetro, por terrenos inhóspitos, casi intransitables... Un día la caja se destapa y los soldados descubren que contiene un piano, un piano blanco; otro día, el piano está a punto de ser arrastrado por la corriente del río...

ELIZABETH.— Siempre dentro de la caja.

GABO.— Bueno, hay un momento en que la caja se despeña por un abismo, se abre al caer y deja el piano al descubierto. Por suerte, intacto. Digo, se le ha zafado una pata, pero no tardan en ponérsela.

GUTO.— ¿Qué hacen los guerrilleros, entretanto?

GABO.— Todo lo que he contado ocurre en medio de emboscadas, escaramuzas, asaltos... Los guerrilleros no dan ni piden tregua. El piano va dejando a su paso un reguero de cadáveres, un paisaje de tierra arrasada... Y como la oposición al régimen es fuerte también en la capital, cuando las tropas llegan a Bogotá se produce un levantamiento popular para impedir que la caja sea introducida en la mansión de los Campuzano. Desde una de sus ventanas puede verse el resplandor de los incendios, oírse el fragor de los combates... Pero el joven oficial y su tropa se abren paso a sangre y fuego y logran depositar el piano en el fastuoso salón, minutos antes de que comience la celebración del cumpleaños. Entra Elisa, vestida como una princesita, saluda con una venia a su padre y a la distinguida concurrencia, se sienta graciosamente ante el piano y empieza a tocar: "tira-titatín tari-tatín..." Díganme la verdad: ¿no es una historia preciosa?

MANOLO.— ¿Y por qué la preocupación? No tiene *nada* que ver con *El piano*.

GABO.— No, el día que podamos hacerla, la hacemos por encima de todo. Además, está registrada. El guión es de Lichi Diego, aunque Titón y yo metimos la mano también... A mí me gustaría rehacerlo, simplificarlo... Lichi lo llenó de palomas mensajeras, de no sé cuántas cosas...

MÓNICA.— Yo lo veo como una amarga metáfora.

GABO.— Sí, me gusta por eso, porque es una verdadera radiografía de Colombia. Ése es nuestro país, de arriba abajo.

ELIZABETH.— Y lo curioso es que en una historia tan sencilla se mezclen tanto los géneros. Tiene algo de sátira, de película de aventuras, de tragicomedia...

GABO.— Bien, Manolo, ¿ya pusiste tus ideas en orden?

MANOLO.— Es una historia un poco complicada, me parece: la de un tipo cuya máxima aspiración es llegar a ser conocido como compositor de boleros. Se trata de un hombre ya entrado en años, que vive en un cuartucho de la Habana Vieja. Tiene escritos, no sé, cinco mil, seis mil boleros, pero nunca le han cantado ninguno. Es un compositor inédito. A veces se las arregla para grabar un casete –cantado por él mismo, en la onda de Benny Moré, o por una vecina que imita a Olga Guillot– y lo lleva a una estación de radio o una agencia musical, para ver si algún cantante se interesa por ellos. Pero nada, no tiene suerte... El tipo no tenía empleo fijo, trabajaba cuando podía como parqueador de autos...

GUTO.— Como aparcacoches, diría Ignacio...

ELIZABETH.— ¿*Trabajaba*?

MANOLO.— ... en un restaurante de lujo o un cabaret, que podría ser el "Alí Bar", porque el Benny, su ídolo, cantó allí durante mucho tiempo. Bueno, ya el tipo no trabaja allí, pero sigue frecuentando el lugar, para no perder la costumbre.

GABO.— El invencible ritual de la nostalgia.

MANOLO.— En el solar donde vive –en el conventillo, ¿eh, Guto?– los vecinos se quejan de que el tipo pone el radio a todo volumen –Jorrín, Pérez Prado, la Riverside...– y andan siempre merodeando por allí unos prietos medio mafiosos que se las dan de guapos...

GUTO.— ¿No les gusta la música?

MANOLO.— A lo mejor prefieren el *rap*.

GABO.— Y el personaje, ¿no escucha los programas de boleros?

MANOLO.— Le gustan también los de música bailable, aunque para él, en el fondo, nada puede compararse con aquello de: "No existe un momento del día en que pueda apartarte de mí..."

GABO.— "Contigo en la distancia..." Estamos en plenos años cincuenta, ¿no es cierto?

MANOLO.— Sí. Una noche el tipo se acerca al "Alí Bar" –con la intención de hablar con el director de la orquesta o el cantante, para proponerle algunas de sus composiciones más recientes– y se encuentra con que el cabaret está cerrado y hay varios policías a la entrada. Va a acercarse, para preguntar qué ha sucedido, pero un policía le ordena retroceder, y en ese momento sale Gayusi, el *barman*...

GUTO.— Que es viejo amigo suyo...

MANOLO.— ...y le cuenta: han intentado robar el sombrero y el bastón de Benny Moré.

GUTO.— ¿En el cabaret?

MANOLO.— Están allí, en una urna, como reliquias de los buenos tiempos.

GABO.— Y algún fanático de Benny, o algún borracho...

MANOLO.— Es la segunda vez que ocurre. El portero asegura que en ambas ocasiones ha visto salir a un sospechoso, que tiene un gran parecido con el Benny –en realidad, en su primera declaración había dicho que *era* el Benny, pero se retractó cuando le recordaron que el Benny estaba muerto– y que lo único que hace, antes de desaparecer en la noche, es mirarlo fijamente a los ojos.

GUTO.— Todo eso lo cuenta el *barman*. Y el músico..., por cierto, ¿cómo se llama el músico?

MANOLO.— ¿El compositor? Se pasó la vida oyendo hablar de El Rey del Mambo y El Príncipe de la Canción, y todos esos epítetos rimbombantes, y decidió llamarse a sí mismo El Sultán del Bolero.

GUTO.— Bien, podemos llamarlo Sultán, entonces...

MANOLO.— No, aquí ése es nombre de perro. Llamémoslo Juan, si quieren. El caso es que el *barman* le dice a Juan que acababan de estar allí unos tipos del cine o la televisión preguntando por él, y que él –el *barman*– les había dado su dirección –la de Juan– asegurádoles que lo hallarían allí, porque era un tipo muy casero. Así que Juan corre a su casa y se encuentra con que hay un gran revuelo en el solar porque está allí un equipo de filmación esperando por él para hacerle una entrevista. ¿Por qué? Porque preparan un documental sobre el Benny y la música popular, y han visto una foto suya con El Bárbaro del Ritmo –que es como llamaban al Benny– en la que éste, inclinado hacia Juan, le está diciendo algo al oído con una actitud muy desenvuelta. La tesis del documental es que la popularidad del Benny no se basaba sólo en su condición de Bárbaro del Ritmo sino también en su propio temperamento, porque pese a ser una verdadera estrella, era también un tipo modesto, campechano, sin una pizca de arrogancia... Y ahí estaba la demostración gráfica de la tesis: la foto donde el Gran Benny comparte sus secretos con un humilde parqueador de carros, etcétera, etcétera. Bien, se dan las voces reglamentarias, empiezan a rodar y le hacen a Juan la pregunta de rigor: "En esa foto, ¿qué le está diciendo Benny Moré?" y Juan –que no logra recordar qué coño le estaba diciendo el Benny, pero intuye que no puede dejar pasar una oportunidad como ésa– responde que el Bárbaro del Ritmo, su gran amigo, le estaba diciendo que al día siguiente iba a cantar uno de sus boleros, porque –mirando a cámara– él era compositor y el Benny, con su experiencia de..."¡Corten!", grita el Director, que se ha percatado de lo que ocurre y ahora le explica a Juan que hay problemas de sonido y que tendrán que volver la semana siguiente..., en fin, echa mano de ése o de cualquier otro pretexto y acto seguido da una orden y todos, como si la hubieran estado esperando, agarran cámaras y micrófonos y se van por donde mismo vinieron... ¡Uf! ¡No se imaginan ustedes lo nervioso que estoy! ¡Miren cómo sudo! ¿Me falta algo?

SENEL.— Por lo pronto, un meprobamato o una tisana.

GABO.— A ver, serénate un poco... Trata de contarnos tranquilamente qué es lo que le pasa a ese viejo. "Este era un pobre cuidador de carros que componía boleros. Un día..." Así, de la A a la Z. "Érase que era una vez un criado que llegó temblando a casa de su amo y le dijo: 'Señor, he visto a la Muerte en el mercado y me ha hecho una señal de amenaza.' Y el amo le dice: 'Toma este caballo y este dinero, y huye de inmediato a Samara.' El criado lo hace. Poco después, en el mercado, el amo encuentra a la Muerte y le pregunta: '¿Por qué le hiciste a mi criado un gesto de amenaza?' 'No era de amenaza, sino de sorpresa', responde la Muerte, 'porque debo recogerlo esta tarde en Samara y me sorprendía verlo aquí, lejos de Samara'. Eso es contar un cuento como Dios manda. Si una historia no se puede reducir a esos términos es porque algo le falta o le sobra. Así que vamos por partes, Manolo: ¿cuál es exactamente la historia que tú quieres contar?

MANOLO.— Bueno, a mí me parece que este viejo es el eterno frustrado, porque...

GABO.— Perdona que te interrumpa, pero ¿quieres que te diga cuál es tu problema?

MANOLO.— ¿Cuál?

GABO.— Que tienes un personaje pero no tienes un argumento donde encuadrarlo. Es un problema más frecuente de lo que se cree, pero por suerte, se puede resolver.

MANOLO.— Yo sí tengo una historia, lo que pasa es que los nervios me traicionan.

GABO.— No, si tuvieras una historia no te perderías en detalles. Dirías, por ejemplo, que este era un viejo que aspiró toda su vida a ser compositor y que un día va al cabaret donde cantaba su ídolo y se entera de que han tratado de robar reliquias suyas y de que andan buscándolo, a él, para hacerle una entrevista... No sé, estoy improvisando, a ver si le damos a la historia cierta continuidad.

MANOLO.— ¿Y no fue así como yo lo conté... más o menos?

GABO.— Hay que tratar de que los árboles no nos impidan ver el bosque. El cuento de la Muerte en Samara puede contarse sin aclarar qué hacía el sirviente en el mercado y sin decir que el amo, al oírlo, se rascó la cabeza, ni que en ese momento un canario cantó en su jaula...

MANOLO.— Pero en *La lección de latín* usted decía, si mal no recuerdo, que el abogado se abotonaba el chaleco y que la secretaria le brindaba café...

GABO.— Porque tengo la historia tan elaborada en la cabeza que ya puedo contarla hasta en sus menores detalles. Pero si hubiera prescindido de esos elementos, la historia seguiría siendo la misma.

MANOLO.— Bien. ¿Cuáles son las dudas?

GABO.— ¿A qué va el viejo al cabaret?

MANOLO.— ¿No quedó claro eso? Va a llevarles un casete a los músicos que tocan allí.

GABO.— Pero él no va allí *todos* los días... Él va ese día porque algo muy grande va a suceder allí.

MANOLO.— El robo. El intento de robo. El *segundo* intento de robo.

GABO.— ¿Y él tiene algo que ver con eso?

MANOLO.— Lo del robo me servía para que él pudiera desarrollar su plan de atraer al Benny.

GABO.— Espera, espera... ¿No decías que Benny estaba muerto?

MANOLO.— Juan está tratando de reproducir una situación del pasado. De *rehacer* el pasado, si se quiere.

147

GABO.— Ah, la historia se desarrolla en un tiempo pero remite a otro, en este caso a los años cincuenta. Juan ha soñado toda su vida que algún día su ídolo, Benny Moré, cante alguno de sus boleros. Y como era cuidador de carros, se las arreglaba para poner casetes en la guantera del auto de Benny... Un momento: en esa época no había casetes.

MANOLO.— Le ponía las letras de sus canciones, papeles, simplemente. Pero el Benny nunca se dio por enterado. De manera que ahora, cuando Juan oye la historia del portero...

GABO.— ...recupera la esperanza de ver a su ídolo, ante un vaso de ron, cantándole una de aquellas letras inéditas. El sueño de su vida puede cumplirse aún. ¿Es ésa la historia que quieres contar, Manolo?

MANOLO.— Más o menos.

GABO.— Y el hombre, ¿logra su propósito o no?

MANOLO.— Al oír lo del intento de robo y lo que sospechaba el portero... a Juan se le ocurre esa idea. Y además, está lo de la foto donde el Benny le dice algo al oído...

GABO.— ¿Ves? Ya nos estás contando otra cosa. Estábamos en el plan del viejo: ¿cómo se las arregla para atraer a Benny?

GUTO.— Al *fantasma* del Benny, ¿no?

GABO.— Depende cómo se mire. En el cine sólo existe el presente. Lo que el viejo se imagine que pasa, pasa.

MANOLO.— Aquí Juan pesca al Benny utilizando como carnada su sombrero.

GABO.— Ah, un pequeño chantaje: se lleva el sombrero para su casa y le hace saber a Benny que si quiere recuperarlo... Bien, ¿qué pasa entonces? Benny va a verlo, por supuesto...

MANOLO.— Sí. Y cuando entra, Juan se asusta al mirarle la cara, porque recuerda al fin lo que el Benny le había dicho al oído, tiempo atrás: "¡No me jodas más con tus boleros de mierda, porque voy a tener que entrarte a patadas!"

SENEL.— ¿Era un tipo tan irascible?

MANOLO.— En esta historia, sí. Por cierto, se me olvidaba decir que ya en dos ocasiones anteriores Juan había tratado inútilmente de recordar qué era lo que el Benny le había dicho. Y ahora se asusta, porque lo oye gritar: "¡Vengo a buscar mi sombrero, carajo!"... Pero de pronto se queda boquiabierto, porque ha visto la foto en la pared y esa sola imagen parece actuar sobre él como un sedante. Sonríe. Juan aprovecha la pausa para invitarlo a sentarse y beber un trago... Y, contra todos los pronósticos, el Benny acepta y se toma un ron, y luego otro, y otro... y entre trago y trago le pregunta por Gayusi, el *barman* del "Alí Bar", y por algunos noctámbulos muy conocidos en la zona... Y cuando ya están los dos muy entonados, el Benny, espontáneamente, le pide a Juan alguna de sus composiciones, y Juan –que ha estado esperando ese momento toda su vida– saca un papel del bolsillo y se lo extiende, mientras tararea la melodía para que el Benny pueda orientarse. Y de pronto el Benny rompe a cantar y Juan a llorar y a llorar y a llorar. El pobre está loco de felicidad, pero no puede contener las lágrimas.

SENEL.— Es lo que suele llamarse "llorar de alegría".

GABO.— Una figura retórica muy eficaz.

ELIZABETH.— Por un momento llegué a pensar en un final feliz, con Juan volviéndose un compositor famoso.

GABO.— Vamos a ver lo que tenemos: Juan es un viejo compositor de boleros, canciones que nadie quiere interpretar.

Siendo cuidador de carros tuvo oportunidad de deslizar algunas de sus composiciones en el auto de un cantante famoso, pero de nada sirvió: éste tampoco le hizo caso. Juan llegó a la conclusión de que la única manera de interesarlo en sus boleros era mostrándoselos en un ambiente favorable, su casa.

SENEL.— Su cuarto, más bien.

MANOLO.— Sí, por eso él se empeña en llevarlo a su cuarto. Y también porque quiere enseñarle la foto. Esa foto había sido tomada por un fotógrafo del "Ali Bar" cierta noche en que el Benny le dio a Juan las llaves de su carro, para que se lo parqueara... Y de paso le dijo al oído lo que ya sabemos.

GABO.— Perfecto, vamos un poco más atrás. Éste es un acomodador de carros que compone boleros y cuya mayor aspiración en la vida es que el famoso cantante Benny Moré conozca y cante sus composiciones... Por cierto, en algún momento Juan debe de haberle dicho a su ídolo que quería mostrarle unas canciones suyas y Benny debe de haber respondido: "Sí, hombre, cómo no, un día de estos nos vemos..." Pero volviendo a Juan: al ver que Benny no acaba de cumplir su promesa, empieza a meterle papeles en la guantera del carro, sin ningún resultado. Y cierto día un fotógrafo les toma una foto cuando Benny le está diciendo algo a Juan, y éste se las arregla para que el fotógrafo le regale una copia, que acabará colgando en la pared de su cuarto. Y como Benny sigue sin hacerle caso, Juan empieza a buscar otras maneras de forzar la situación, hasta que un día, al ver el bastón y el sombrero...

MANOLO.— Recuerde que el acoso al Benny es en el pasado, mientras que el intento de robar esas cosas es en el presente.

GABO.— Estoy tratando de contar la historia de manera lineal... Él nunca logra que Benny le hago caso, pero ahora se roba sus cosas y le manda a decir a Benny: "Si quieres recuperarlas, ven a verme".

SENEL.— Pero si Benny está muerto, ¿con quién le manda Juan el mensaje? ¿Con una espiritista?

GABO.— Con el portero. Juan está seguro de que el portero volverá a encontrarse con él. Dime una cosa, Manolo: ¿en qué época se desarrolla la película?

MANOLO.— En la actualidad.

GABO.— ¿Y cuándo murió Benny Moré?

MANOLO.— En el 63. Entretanto, el viejo ha seguido tratando de promocionar sus boleros. A cada rato va a ver a algún cantante o a algún director de orquesta –a Adalberto, a Formell...– para llevarle sus casetes. Y nada.

ELIZABETH.— La historia se repite.

SENEL.— Es el *fatum* otra vez. El viejo está condenado a morir inédito.

MANOLO.— Pero hay que establecer bien las fechas. En el pasado, el viejo era joven todavía.

GABO.— En resumen, la historia es ésta: un tipo que anda buscando que le canten sus canciones, va cierta noche a un cabaret donde se guardan, como reliquias, el sombrero y el bastón de un cantante famoso, y se entera de que han tratado de robarlas...

MANOLO.— Por segunda vez.

GABO.— ... y que el portero del lugar asegura que el presunto ladrón es nada menos que el propio cantante, aunque éste –él lo sabe– está muerto. Y entonces a Juan se le ocurre una idea: apoderarse de las reliquias para obligar a su difunto dueño a ir a buscarlas a su casa y... ¿Es así?

MANOLO.— Así es.

GABO.— Ok, continuemos entonces. Juan llega a pensar qué bueno, estando vivo el Benny no se me hubiera ocurrido invitarlo a venir aquí, a mi humilde cuartico, pero ahora, que anda como alma en pena buscando su sombrero y su bastón, porque en la eternidad no se siente cómodo sin ellos, ahora va a tener que venir... Y efectivamente, esa noche llaman a la puerta, Juan abre... ¡y *voilà*! El resto, ya ustedes lo conocen: se emborrachan, Benny canta el bolero preferido de Juan... ¡y colorín colorado! ¿Puedes creer, Manolo, que ahora que la entiendo, la historia me parece muy buena?

MANOLO.— Faltó la anécdota de la foto, que es un elemento clave. Y lo de la entrevista.

GABO.— Ah, espera, lo único que no nos puede faltar aquí es la paciencia. Vamos a ver. Éste era un viejo que había sido acomodador de carros, en un cabaret, y que compone boleros que él considera maravillosos pero que no le interesan a nadie. El tipo se propone lograr que un famoso cantante –Benny Moré, que por cierto, nunca se presenta ante el público sin su sombrero y su bastón– lea y oiga sus composiciones, seguro de que habrá de entusiasmarse con ellas. De modo que Juan, cada vez que va a estacionar el carro de Benny, las mete en la guantera subrepticiamente. Inútil: Benny no se da por enterado. Un día, cuando le da a Juan las llaves y una propina para que le estacione el carro, le dice algo al oído y en ese preciso instante un fotógrafo que pasa por allí les toma una foto. Juan la conserva como un verdadero trofeo. Muere Benny. Juan sigue empeñado, sin éxito, en darse a conocer. Y una noche, en el cabaret –donde ahora se guardan el sombrero y el bastón de Benny como reliquias de museo–, se entera del intento de robo, y el guardia, viejo amigo, le dice: "Es el Benny, Juan, te lo juro. Ha venido a buscar su sombrero y su bastón. Lo he visto con estos ojos que se ha de comer la tierra." Y Juan piensa: "Ésta es la mía." Y esa misma noche se roba el sombrero y el bastón, y corre a su cuarto a esperar tranquilamente que llegue Benny, porque se ha dado cuenta de que éste, en el más allá, se siente incómodo sin ellos. Benny llega, efectivamente, ve la foto en la pared... y el resto ya ustedes lo conocen.

MANOLO.— Faltó lo de la entrevista.

GABO.— Faltaron muchas cosas, pero el eje del argumento es ése. Teniendo la historia limpiecita, de la A a la Z, puedes hacer después lo que te plazca: volverla al revés, introducir *flash backs*, lo que prefieras... Una vez que tienes el ganado acorralado y sabes que no se puede salir, decides si lo vas a tumbar o lo vas a herrar, y cuándo y cómo... Lo importante es saber qué historia estás contando. Lo demás cae por su propio peso.

GUTO.— Y a propósito, ¿cómo se titula este diálogo de fantasmas?

MANOLO.— *El Sultán del Bolero*... ¿Les parece bien?

El milagro de *Fresa y chocolate*

GABO.— Senel, vas a contarnos tus experiencias como guionista de *Fresa y chocolate*, ¿verdad? El relato que sirve de base al argumento, ¿cómo se titula?

SENEL.— "El bosque, el lobo y el hombre nuevo". Lo escribí en 1990. Para mí, la relación entre el cuento y la película la establece David, un personaje que aparece en varios cuentos míos. Pero la idea misma me llega por el personaje de Diego.

GABO.— Conociste a alguien que te sirvió de modelo.

SENEL.— No fue uno: fueron varios. He terminado descubriendo que hay muchos Diegos deambulando por las calles de la ciudad... y algunos han tropezado conmigo. En este momento recuerdo a uno de los primeros con quienes tropecé. Yo nací en el "campo" –es decir, en un pueblo del interior del país–, y por consiguiente, a los ojos de los habaneros era un *guajiro*. En los años setenta vine a La Habana como becario, a estudiar Periodismo en la universidad. Nunca antes había estado en La Habana. Pasé aquí cuatro años y cuando terminé la carrera fui a cumplir mi servicio social en una ciudad de provincias. Un buen día vuelvo a La Habana y me encuentro en el teatro con un muchacho que yo había conocido en la universidad. Él sabía que yo escribía y eso lo divertía mucho, porque a la gente le hacía gracia que un guajirito como yo escribiera cuentos. Este muchacho era homosexual; en algún momento había tenido serios problemas y lo habían expulsado de la universidad. Me ve y me dice: "Ah, Senel, ¿qué tal? ¿Cómo te va? ¿De regreso a la capital?" Andaba con otro muchacho al que yo nunca había visto, y éste, sin más ni más, se me acerca y empieza a recitar mi biografía: "¡Senel Paz, autor de *El niño aquel*!", y cosas que yo había escrito, y dónde había hecho mi servicio social, y cuántos cuentos tenía el mencionado libro, todavía inédito. En fin, me dejó perplejo, boquiabierto: sabía más de mí que yo mismo. Y claro, me cayó simpático, porque hablaba con un desenfado, con una gracia...

GABRIELA.— Era la viva imagen de Diego.

SENEL.— En ese sentido, sí. Tenía facilidad de palabra y don de gentes. Y entonces me suelta a quemarropa: "¿Por qué no vienes a mi casa? Fíjate, yo soy maricón, como habrás notado, y tengo problemas...; así que si decides ir, ya sabes dónde te vas a meter". Me gustó que me planteara las cosas con esa claridad. Creo que en ese preciso instante –sin que yo me diera cuenta todavía– nació el personaje de Diego.

GABRIELA.— Me lo imaginé. Al ver la película sentí que Diego estaba tomado de la realidad.

GABO.— Inspirado en personas reales, más bien.

156

SENEL.— Eso es cierto en lo que se refiere al cuento y mucho más en lo que se refiere a la película. Lo curioso, como dije, es que en La Habana el personaje es una especie de prototipo... Se me han acercado como cuatrocientas personas para decirme: "Senel, dime la verdad, Diego soy yo, ¿no? Pero fíjate, ¡yo no me fui!" y hay otros que vienen y me dicen: "Sí, yo sé que Diego es Fulano de Tal, son igualitos..." Algo semejante pasó con la casa de Diego, la famosa *guarida*. Hay como cincuenta personas que afirman que la guarida es el apartamento donde ellas viven, pero les aseguro que yo no tenía en mente ningún sitio real.

MANOLO.— Esa pasión de Diego por la cultura cubana, ¿viene también de un personaje real?

SENEL.— Tú sabes que en este país hay mucha gente apegada a sus tradiciones culturales. Hubo un tiempo en que yo me empeñé en leer o releer toda la literatura cubana, desde el *Espejo de paciencia* hasta nuestros días. Había entonces un furor, una fiebre lezamiana en el ambiente, y fue releyendo *Paradiso* cuando me puse a pensar en todos esos muchachos que tenían a Lezama como un dios, un guía, una tabla de salvación para mantenerse a flote en medio del torbellino de aquellos años...

ELIZABETH.— Y en cuanto al tema, ¿cómo surgió? Por lo que cuentas, debe haber sido un problema candente...

SENEL.— Bueno, tuvimos que hacernos seriamente esa pregunta: ¿Cuál es el tema de la película? ¿Es el homosexualismo? ¿Es la amistad entre personas diferentes, pero con intereses comunes? A mí siempre me pareció que ambos confluían en otro, más abarcador: el de la tolerancia. Debo decirles que los triunfadores no me interesan como personajes; prefiero a la gente que está como arrinconada, en una esquina de la vida... Los tres protagonistas de la película tienen algo de marginales: Nancy es prostituta y *bisnera*, vende cosas en bolsa negra; Diego es homosexual; David es un muchacho tímido, inseguro... Algo semejante le pasaba a Ofelia, la protagonista de mi primera película –*Una novia para David*, de Orlando Rojas–: era gorda, lo que bastaba para que se sintiera un poco rechazada. En fin, mis personajes nunca están en el centro de la Historia. Y en un país como el nuestro, donde el que tiene voz es el que está en la corriente principal, el punto de vista de quienes no lo están siempre me ha parecido el más atractivo para abordar distintos asuntos.

MANOLO.— ¿En qué momento surge la idea de convertir el relato en guión?

SENEL.— Siempre me pareció que del cuento podía salir una película. Pero no me gusta ser yo quien le proponga a un director trabajar con él, sino lo contrario, que sea él quien me lo pida, porque en ese caso lo más probable es que él ya sepa lo que quiere y traiga una propuesta concreta. El escritor tiene más facilidad que el cineasta, creo yo, para meterse en el pellejo de otro y tratar de pensar con su cabeza. Me parece que somos más dúctiles y flexibles. En cualquier caso, no quisiera tener que lidiar con esos directores que se ponen a pedirle cosas a uno sin saber ellos mismos qué es lo que realmente quieren. En este caso, le mandé el cuento a Titón –que es como le decimos a Gutiérrez Alea– con la aviesa intención de interesarlo para el futuro. Titón es un director a quien admiro mucho y con el que tenía ganas de trabajar. Mis tres guiones anteriores habían sido escritos para directores debutantes, y ahora yo quería trabajar con alguien de experiencia, del que también pudiera aprender. Tuve suerte. Dos horas después de haber recibido el cuento, Titón me llamó para proponerme que lo adaptara al cine, y yo, haciéndome el bobo, dejé que me convenciera, como si ya no hubiera estado convencido.

GABRIELA.— O sea, el cuento funcionó como argumento. Ya entonces empezaste a trabajar directamente el guión.

SENEL.— Yo iba escribiendo escenas y llevándoselas a Titón. Él me las comentaba y yo, cuando era necesario, las reelaboraba. En realidad, no eran muchas las sugerencias o reparos que él me hacía, en parte porque la historia le gustaba, en parte para no coartarme, y en parte siguiendo una táctica muy frecuente –y a veces irritante– entre los directores, que consiste en decir: "Escribe, escribe todo lo que se te ocurra, que después yo corto".

GABRIELA.— Les gusta ser ellos quienes *editen* el guión.

SENEL.— Yo creo que el papel del director, cuando él mismo no es co-guionista, consiste en ir orientando y estimulando nuestro trabajo. ¿No es eso lo que hace con los actores? El director no le debe aceptar una escena al guionista mientras piense que éste podría sacarle más, que aún no ha llegado al tope de sus posibilidades.

MANOLO.— Pero para uno puede resultar tedioso, supongo, porque si un director se encapricha en...

SENEL.— Espera. El cine es repetir una y otra vez, ¿no? Eso vale también para la escritura. Y en eso consistió el trabajo de Titón conmigo: en obligarme a dar el máximo.

GABRIELA.— ¿Él no reescribía diálogos o secuencias?

SENEL.— Él trabajó solo, por su propia cuenta, en la versión que ganó el concurso. Quería que compitiéramos con *su* versión, la que se había propuesto filmar. Lo que hizo entonces fue *editar* el texto, como decía Gabriela. Y con motivo de algunos de los cortes yo tuve que retocar escenas y reescribir diálogos, para que no se notaran las costuras.

GABO.— Tú aceptabas disciplinadamente las sugerencias...

SENEL.— No siempre, pero la mayoría de las veces, sí. Por el respeto que le tengo a Titón, yo era muy receptivo en cuanto a sus deseos... A veces bastaba una simple insinuación para que yo tratara de satisfacerla. Por ejemplo, un día Titón me pidió que escucháramos juntos las danzas de Ignacio Cervantes y Manuel Saumell –dos de los grandes compositores cubanos del siglo pasado–, porque quería utilizarlas en la película. Y cuando volví a casa, escribí la escena donde Diego y David escuchan *Adiós a Cuba*, de Cervantes. Titón no me *pidió* esa escena, pero la *motivó*, me hizo sentir que estaba necesitándola. Y me dio mucha satisfacción poder complacerlo.

ELIZABETH.— Tú en ningún momento te aferraste a tus criterios...

SENEL.— Trataba de evitar las discusiones innecesarias. Además, Titón podía no estar de acuerdo con una propuesta, pero me daba absoluta libertad para buscar alternativas. En este sentido, trabajar con él fue una experiencia maravillosa.

ELIZABETH.— Ya veo. No era un problema de concesiones, sino de confianza mutua.

SENEL.— Y de receptividad. Yo participé en la primera edición de este taller y aprendí aquí, con el Maestro...

GABO.— Disculpa la interrupción, pero lo de Maestro, aquí en Cuba, me suena un poco raro...

SENEL.— Lo digo de corazón. Aprendí, entre otras muchas cosas, que era necesario ser flexible, estar abierto a los imprevistos. Recuerdo que usted dijo que había que tener cuidado con las premisas, porque eran muy riesgosas: si partes de una premisa, lo más probable es que acabes obligando a la historia a demostrarla, y eso suele ser funesto.

MANOLO.— Por aquello del lecho de Procusto y demás...

SENEL.— Lo sensato es dejar correr la historia y observar a dónde va, no empezar a forzarla para que diga lo que uno quiere. En otras palabras, si sólo estás pensando en la moraleja, lo que la historia acabará contando es la moraleja. Para eso no hacía falta esforzarse tanto, o como decían nuestros abuelos, para ese viaje no se necesitaban alforjas. Hay que dejar que la historia tome su curso y entonces, sólo entonces, empezar a fijar los objetivos. A partir de ahí, nuestra función se reduce a tratar de cumplirlos de la mejor manera posible.

MANOLO.— Nada más y nada menos.

ELIZABETH.— ¿Fue ése el método que ustedes siguieron?

SENEL.— Es evidente que a partir del cuento podíamos desarrollar distintos temas y subtemas: el de la amistad entre homosexuales o entre un homosexual y un heterosexual; el de la delación, puesto que David delataba a Diego y eso se le reconocía como un mérito; el de la intolerancia –que a mí, como dije, me parecía el tema central–, el rechazo de todo aquel que es distinto, que al no caer dentro de la norma pasa a ser considerado "anormal". Lo que hicimos Titón y yo fue definir el tema que más nos interesaba y eliminar los que pudieran conducirnos en otras direcciones y colocarnos ante el peligro de la dispersión.

GABRIELA.— Pero, ¿no se supone que el tema estaba implícito en el relato?

SENEL.— Lo estaba, pero en la película había que hacerlo más explícito. El relato está contado en restrospectiva desde el punto de vista de David. En realidad, es un monólogo donde el personaje de Diego no tiene presencia, sino que es referido, filtrado por la conciencia del otro. Diego no tiene voz propia, sino incorporada. Por tanto, yo no me propuse "adaptar" el cuento sino tomar la historia y volver a escribirla, esta vez como guión. No me interesaba en absoluto "respetar" el texto narrativo; lo que me interesaba era descubrir –y salvar– lo que el texto podía tener de cinematográfico. Y tuve que reconocer que David –un personaje tan introspectivo, que toma pocas decisiones, que ejecuta pocas acciones, que prefiere observar y pensar y dejarse arrastrar por sus sentimientos...– un personaje así, desde el punto de vista dramatúrgico, no es muy atractivo que digamos. En la primera versión del guión yo mantenía la idea de la retrospectiva –toda la historia había ocurrido quince años antes y ahora David la evocaba–, de manera que en el presente veíamos a David convertido en escritor... una manera de decir que, al final, aquella difícil amistad entre él y Diego había fructificado. A Titón le gustaba mucho este enfoque.

GABRIELA.— ¿Y por qué lo desecharon?

SENEL.— Porque dividía la historia de modo demasiado tajante. Creaba un *antes* y un *después* y revelaba demasiado pronto que la amistad había pasado, que ya Diego se había ido del país, en fin... La retrospectiva conspiraba contra la expectativa. Y entonces decidí contarla en presente, linealmente.

MÓNICA.— ¿Decidiste o accediste?

SENEL.— En una película eso no es fácil de precisar. El escritor se preocupa más por los problemas técnicos del oficio: cómo se cuenta la historia, desde qué punto de vista se cuenta... Esos son los problemas –los ligados a la narrativa– que nos resultan más estimulantes. Ahora bien, yo creo que el estilo de un director –su estética, su ritmo...– deben formar parte de la historia, y más aún, de la propia escritura del guión, o de la reescritura, en este caso. Yo, antes de empezar a escribir este guión, volví a ver todas las películas de Titón. Me interesaba sobre todo descubrir su ritmo interno, sus constantes... Hace poco, hablando con una amiga, le decía que en el guión de *Fresa y chocolate* todo, o casi todo era mío –el argumento, la construcción de los personajes, los diálogos...– pero que todo estaba escrito *para* Titón. Es decir, que si el guión no hubiera sido para él, yo no lo hubiera escrito de esa manera.

ELIZABETH.— De ese análisis de sus películas, ¿qué sacaste en claro?

SENEL.— Que en el guión debía mantener ciertos elementos de estilo que se manifiestan, sobre todo, en el ritmo... Hay en las mejores películas de Titón cierta lentitud, cierta morosidad en el tratamiento de los personajes –David tiene mucho que ver con Sergio, el protagonista de *Memorias del subdesarrollo*– y al mismo tiempo ciertas búsquedas relacionadas con el lenguaje del documental... En el guión yo traté de subrayar esos rasgos, aunque no siempre pasaron a la película.

MÓNICA.— Cuéntanos algo sobre esas diferencias, las que hay entre el guión y el producto terminado.

SENEL.— Nos parecía importante, por ejemplo, dejar establecida la heterosexualidad de David. Queríamos mostrar que él y Diego eran personas diferentes, ¿no? –por lo pronto, en sus preferencias sexuales– para añadir entonces que aun siendo diferentes podían convivir, respetarse, comunicarse entre sí... Surgió así la primera subtrama, la de David con su novia –relacionada también con un cuento mío, "No le digas que la quieres"–, que se extendía demasiado, habría consumido como media hora en pantalla. Es decir, la película debía empezar con una historia de amor –la de un muchacho, David, que no logra acostarse con su novia, Vivian–, y cuando el espectador creyera que era eso lo que le íbamos a contar, aparecería Diego y la historia tomaría otro rumbo, y luego otro y otro..., como quien va por la calle y dobla cada vez que llega a una esquina. Así que para establecer la heterosexualidad de David le echamos mano, primero, al personaje de Vivian, y después al de Nancy, que debía cumplir también otra función, la de servirle de interlocutora a Diego. Necesitábamos que Diego se expresara, contara cosas, le diera al espectador un tipo de información que difícilmente hubiera podido surgir en sus conversaciones con David... Al principio pensé utilizar como interlocutor de Diego a Germán, el otro homosexual, pero temí que la película se cargara demasiado de un humor que podía resultar agradable pero también un poco frívolo. Entonces llegó, como caído del cielo, el personaje de Nancy, que en realidad no cayó del cielo sino de mi segunda película –*Ado-*

rables mentiras, de Gerardo Chijona–, y que nos permitía, entre otras cosas, tirarle de la lengua a Diego sin tener que recurrir a David.

ELIZABETH.— O sea que Nancy no está en el cuento. Apareció después.

SENEL.— Sí. Y fue interpretada por Mirta Ibarra, la esposa de Titón, que ya había encarnado al personaje en *Adorables mentiras*. David, por su parte, proviene de mi primera película..., donde por cierto también aparece Miguel, interpretado por el *mismo* actor que hace de Miguel en *Fresa...* ¿Se entiende la genealogía?

MANOLO.— Lo que se entiende es que te mueves en un mundo bastante incestuoso.

MÓNICA.— Y a propósito, el hecho de trabajar sobre tus propios personajes, ¿no ha dificultado tu relación con los directores?

SENEL.— Al principio, ni yo mismo me daba cuenta de esa tendencia mía a entrecruzar a los personajes... Pero sí, surgen tensiones que a veces se prolongan más de lo que uno quisiera. En mi opinión, casi todos los directores cubanos tienen un problema: su afán de "decir cosas" es mayor que su deseo de contar algo. Se sienten tentados a propinarnos un discurso sobre la realidad, sobre lo que ellos piensan de esto o aquello... A mí me pasa lo contrario. Yo –como el Maestro al que no le gusta que lo llamen Maestro, salvando las enormes distancias– lo que quiero es *contar*. Y eso no significa que pase por alto la política, o los temas trascendentales, o los conflictos cotidianos, entre otras cosas porque nuestra realidad es tan conflictiva y politizada que, aun sin proponértelo, siempre acabas incluyendo en tus obras esa problemática. A veces uno se encapricha en una situación o un diálogo y pierde un tiempo precioso discutiendo, hasta que cede por cansancio o convicción. En "El bosque...", por ejemplo, Diego le cuenta a David cómo se hizo maricón —mejor dicho, cómo descubrió de niño su vocación mariconeril—, y fue un día en que, al entrar en el baño de la escuela, con sus duchas colectivas, vio a un basketbolista desnudo, enjabonándose, bajo una luz que entraba por no sé dónde, etcétera —eso tiene que ver con un episodio de *Paradiso*—, y a mí la escena me parecía muy cinematográfica, así que insistí en que la incluyéramos. Es curioso, pero en la narrativa uno encuentra "momentos cinematográficos" que después, al pasarlos al guión, o al imaginarlos en pantalla, se da cuenta de que no funcionan. Algo parecido ocurrió con la secuencia de la cena, que sí se filmó, aunque a mi juicio, mal. Me refiero a la gran cena lezamiana —uno de los pasajes más exuberantes de *Paradiso*— que está entre las pocas secuencias que no me gustan de *Fresa y chocolate*. Se quedó muy por debajo de lo que esperábamos, entre otras cosas —me parece— porque no está vista con los ojos de David. Hay en el relato otro momento en que Diego —con una furia taxonómica digna de mejor causa— clasifica a los homosexuales en varios grupos. El monólogo ocupaba dos páginas del guión y tanto a Titón como a mí nos gustaba mucho..., pero, por su extensión, no hubo manera de incluirlo en la película. A veces uno trabaja semanas y hasta meses para lograr un chiste, una buena situación humorística, y después, a la hora de la verdad, tiene que echarla al cesto de la basura. Había un momento, en la *guarida*, en que Diego cogía un libro del estante y le explicaba en tono doctoral a David: "En este tratado marxista, donde se estudia la sexualidad humana, se afirma que el *sesenta* por ciento de los hombres tiene una experiencia homosexual en su vida y que eso no los afecta..." Poco después vuelve a coger el libro y comenta: "En este estudio marxista sobre la sexualidad se afirma que el *ochenta* por ciento de los hombres..." Y a la tercera vez ya está afirmando que "el *noventa* por ciento de los hombres..." Había otro pasaje, relacionado con el whisky, que se filmó completo pero que en moviola se redujo al mínimo. Diego, para alardear, le había pegado una etiqueta de whisky a una botella de ron común y corriente... Cuando los adolescentes llegaban a su casa —en esa época, años setenta, muy pocos adolescentes cubanos habían visto una botella de whisky—, él se las mostraba y les brindaba, lo que hacía subir sus valores automáticamente. David nunca había probado el whisky pero estaba convencido de que era un símbolo capitalista, y Diego, para no ahuyentarlo, acababa revelándole la verdad... Bueno, la secuencia se filmó, pero resultaba un poco larga y perjudicaba el ritmo de la narración... O quizás debería decir: el ritmo que empezó a adquirir la película cuando entró el codirector, Juan Carlos Tabío.

MÓNICA.— ¿En qué consistió el cambio?

SENEL.— Para mí, al principio, fue un verdadero trauma, aunque a la larga resultó ser una experiencia apasionante. ¿Qué ritmo le hubiera dado Titón a determinadas secuencias, si hubiera dirigido él solo la película, de principio a fin? ¿Qué hubiera hecho con ella en la moviola? No estoy hablando de absoluta fidelidad al guión, porque eso no existe... Es más, hay momentos en que la gracia consiste en *no* ser fiel, porque en moviola, en la fase de montaje, se advierten posibilidades que el guionista no puede anticipar. Por ejemplo –para seguir con la cuestión del ritmo–: en la secuencia de las cartas hay un corte que funciona muy bien, y es cuando Diego dice que las va a mandar y David se apresura a pedirle que no lo haga. Diego se queda mirándolo: "¿Y por qué no?", pregunta. Y el espectador sobrentiende: "¿Por qué no *yo*?" Un corte estupendo, ¿verdad?, no sólo porque acelera el ritmo de la narración sino porque se relaciona con el tema de la película... Otro ejemplo: la decisión de poner al actor a decir el parlamento final de *espaldas* a la cámara. Me pareció excelente. A mí nunca se me hubiera ocurrido.

ELIZABETH.— Entonces ¿no siempre te sientes dafraudado o confundido cuando ves un guión tuyo en la pantalla?

SENEL.— Bueno, en lo que se refiere a *Fresa y chocolate* debo decirte que me siento muy satisfecho. La película es fiel, en esencia, al espíritu del cuento y del guión. Pero durante la filmación se creó una situación difícil con la entrada de Juan Carlos, por lo que ya he contado: yo había escrito el guión, expresamente, para Titón... y otro director significaba otra estética, otro ritmo, otra manera de contar... La película existe gracias a Juan Carlos –de eso no hay duda–, es un director al que admiro, me gustaría trabajar con él, pero lo cierto es que, de haber sido para él, yo nunca hubiera escrito *ese* guión, habría contado quizá otro tipo de historia, las situaciones y los personajes serían distintos...

MÓNICA.— ¿Podrías precisar en qué sentido?

SENEL.— En el sentido de que hay personajes, por ejemplo... Piensa en David. Es un personaje ideal para Titón: callado, introspectivo... En toda la filmografía de Juan Carlos no hay un solo personaje así. Si yo, como guionista, tuviera que hacerle a la película un reproche serio, sería ése: que se fue por la línea de Diego, en detrimento de David. Aunque por otra parte, si bien se mira, ¿no fue eso lo mejor que pudo pasar? A juzgar por los resultados, sí. Pero lo que quiero decir es que, en el guión, el verdadero protagonista es David. El espectador debía percibir la realidad a través de él; sería su mirada la que iría hilvanando la película. No dudo de que en cierto momento Diego empezara a independizarse, por su propia dinámica interna, pero me atrevería a decir que la mano de Juan Carlos tuvo mucho que ver con eso.

ELIZABETH.— El *casting* influiría también, seguramente. El actor que interpretó a Diego es más carismático que el que interpretó a David.

SENEL.— Eso le preocupaba a todo el mundo. Había algunos actores que encajaban en la imagen de David, pero ninguno acababa de convencer para Diego. Y un día se aparece Titón con la propuesta de Jorge Perugorría... Yo puse el grito en el cielo. Lo había visto actuar en la televisión y el teatro y estaba prejuiciado contra él, porque creía que lo apreciaban más como galán que como actor... Había otro candidato, y aunque a mí no me gusta meterme en la selección del reparto –porque es una cosa muy delicada, creo yo, donde las decisiones deben dejarse al director–, yo estaba dispuesto de antemano a votar por el otro. Y un día Titón me invita a ver las pruebas finales para oír mi opinión y cuando veo actuando a Jorge di un viraje de ciento ochenta grados. Ustedes no me creerán, pero lo que me convenció fue el modo en que, al caminar, flexionaba las rodillas, y la sutileza casi imperceptible de algunos de sus gestos. Le salía el marica por todos los poros... No se rían; lo digo como un elogio a su talento histriónico. Y el mérito es grande, porque se sabe que Jorge es uno de los tipos más masculinos de La Habana. El Diego original se caracterizaba por su locuacidad y éste por su gestualidad. También por su capacidad mimética. Estuvimos visitando amigos y personas que podían tener puntos de contacto con el personaje y puedo asegurarles que Jorge es una esponja. Vladimir Cruz, el actor que interpreta a David, es un caso distinto. Guajiro, como yo, pertenece a un grupo teatral de provincias. No tiene el carisma a flor de piel, como el otro, pero sí un atractivo especial que se va descubriendo gradualmente. Yo pensaba que Diego podía detectar el encanto de David, porque no tardaría en darse cuenta de que con una camisa de otro color y peinado de otra manera, aquel muchacho podía lucir mucho mejor. Vladimir es de pómulos salientes y por eso no siempre resulta fotogénico; pero cuando queda bien, queda *muy* bien, debido a que tiene un rostro enérgico, misterioso, que revela una rica personalidad... Había un factor que, paradójicamente, conspiraba contra él, que era su seguridad en el *set*. Jorge es un actor que parece ir tanteando sus posibilidades sobre la marcha, y como no se cansa nunca, como puedes trabajar veinte horas seguidas con él, el director —basándose en aquello de "tú sigue, que después yo corto"– se engolosina con la posibilidad de hacer varias tomas para luego, en moviola, tener donde escoger. A Vladimir, en cambio, tú le dices: "Pon el vaso a un milímetro del cenicero", y puedes repetir la escena cien veces, si quieres, que él *siempre* pondrá el vaso a *un* milímetro del cenicero. De manera que cuando llegas al cuarto de edición, lo más probable es que tengas diez tomas de Diego por cada una de David..., otra de las razones, por cierto, que contribuyeron a favorecer el cambio de perspectiva. Así que poco a poco la importancia de David fue mermando, no por culpa del actor, sino de las circunstancias. Y Diego pasó a conducir la acción principal. Para mí, sin embargo, estaba claro que todo lo que pasa en esta historia tiene importancia porque le pasa a David.

GABRIELA.— La escena donde David platica con el espejo... yo pensé que en algún momento iban a repetirla.

SENEL.— La idea se perdió, al tomar la película otro ritmo. Insisto en que eso fue tal vez lo mejor que pudo pasar, pero lo que quiero decir, como guionista, es que fue un cambio ocurrido sobre la marcha, que no estaba previsto.

MANOLO.— ¿No pasó algo semejante con la cena? Dijiste que tú la imaginabas desde la perspectiva de David.

SENEL.— Hubo otros elementos, creo yo, que también conspiraron contra ella. En el guión siempre imaginamos la *guarida* como un espacio único, con una sala-comedor. La locación donde filmamos, en cambio, tenía la sala por un lado y el comedor por la otra. En ciertas tomas de la cena debía aparecer como fondo el altar, la atmósfera un tanto misteriosa de la sala; pero al estar divididos ambos espacios, la cena quedó aislada del contexto y se perdió ese elemento de riqueza visual. A mi juicio, el hecho de que se decidiera utilizar una mesa cuadrada tampoco ayudó. Yo creo que en el cine no se debe comer en mesas cuadradas, sino rectangulares. Casi me atrevería a decir que en las mesas rectangulares la comida sabe mejor.

MANOLO.— A mí también me pareció que la cena no satisface las expectativas..., por lo menos de los lezamianos y de quienes conocen el cuento.

SENEL.— En el guión yo hacía una broma secreta a costa de Diego, porque después de la cena, David –que ya había estado con Nancy– bajaba desnudo, ordenaba algunas botellas sobre la mesa, cogía un tabaco, le hacía una seña de complicidad a Lezama –a la foto donde aparece Lezama con su inseparable tabaco–, mordisqueaba algo de un platillo y volvía a subir. Me parecía divertido que los espectadores –es decir, todo el mundo, menos Diego– vieran desnudo a David. Esa escena ni siquiera se filmó.

ELIZABETH.— ¿Qué otros momentos del guión quedaron fuera de la película?

SENEL.— Algunos chistes, que no llegaron a filmarse o que se descartaron en moviola, porque le quitaban fluidez a la narración. Recuerdo uno, relacionado con el personaje de Miguel. Diego le había dado a David unas invitaciones para el ballet. David no quería ir –sus prejuicios se lo impedían–, pero Miguel, en plan de policía, lo convencía de que debían ir juntos, para que David le indicara quién era Diego... Bueno, en lugar de señalar a Diego, David señala a Germán... y hay una escena entre Germán y Miguel, en el baño, que a mí me parecía muy divertida. Estaba también el hecho de que yo quería poner a David en contacto con ese lado suntuoso del mundo de la cultura –el Gran Teatro de La Habana con sus cortinas, sus decorados, sus lámparas, los frescos del cielorraso...– y ver cómo contemplaba deslumbrado todo aquello... Aquí venía otro chiste, porque cuando se abría el telón todo el mundo rompía a aplaudir, sabiendo que Alicia Alonso aparecería de un momento a otro en escena..., pero Miguel, desconcertado, se volvía hacia David para preguntarle: "¿Habrá llegado Fidel?" Se filmó también una escena en la que Diego –sabiendo que David era virgen todavía– le preguntaba qué era lo que más le gustaba en una mujer, y David, turbado, respondía: "Ante todo, que sea revolucionaria". Y Diego se quedaba mirándolo y comentaba: "Sí, mi'jito, pero hay revolucionarias con culo y revolucionarias sin culo". A Titón le encantaba esa escena e hizo lo indecible por conservarla, pero en la moviola no funcionó.

MÓNICA.— Es terrible, la cantidad de tiempo y esfuerzo que uno, como guionista, le dedica a cosas que después no se utilizan, y a veces que uno sabe de antemano que no van a funcionar.

SENEL.— Yo tenía el guión casi terminado cuando Titón leyó *Antes que anochezca*, el relato autobiográfico de Reinaldo Arenas, y conoció en España a una de las tantas personas que creen haberme servido de modelo para Diego. Y resulta que esa persona había vivido durante muchos años en el edificio descrito por Arenas, una verdadera colmena llena de aventuras rarísimas, y viene Titón y me dice: "¿Qué te parece? Ese edificio tiene que estar en la película". Así que empecé a escribir secuencias llenas de edificios, entre ellos el que realmente aparece en la película, donde un hombre sale con un conejo y otro sube la escalera con un puerco. Eso fue todo lo que quedó de la epidemia de edificios.

MANOLO.— Yo también he conocido algunos que son como mercados campesinos, donde se trafica todo, desde un ovejo hasta gallinas.

GABO.— Ahora me explico cómo, estando yo alojado en el Hotel Riviera, oía de pronto cantar un gallo o mugir una vaca. Estaba cerca de uno de esos edificios, seguramente.

SENEL.— Como Titón me obligaba a trabajar muy duro, yo, para vengarme, le hacía bromas de vez en cuando. Por ejemplo, escribí una escena donde colocaba una vaca en la azotea de un edificio. Para subirla hasta allí iban a necesitar una grúa...

MANOLO.— Pero en el fondo sabías que eso no se iba a filmar.

GABO.— ¿Y Titón qué decía?

SENEL.— Nada. Me dejaba hacer.

GABO.— ¿No discutían nunca? Cuando había un desacuerdo serio...

SENEL.— Yo, hablando, nunca he podido convencer a nadie, así que si había una discrepancia seria, yo trataba de darle mis razones por escrito. Le hacía cartas que lo atormentaban y no lo dejaban dormir.

GABO.— ¿Lograste convencerlo alguna vez?

SENEL.— Sí. Por ejemplo, en algo tan importante como mantener a Lezama encabezando el panteón de la literatura cubana, tal como lo entendía Diego. Eso venía del cuento. Pero Titón y Juan Carlos llegaron a plantearse la posibilidad de cambiar a Lezama por Fernando Ortiz. Es cierto que Ortiz es la gran figura emblemática de la cultura cubana de este siglo

–por algo se le ha llamado "el tercer descubridor de Cuba", sólo precedido por Colón y por Humboldt–, pero Ortiz era un sabio, un erudito, no el personaje que exigía la película.

GABO.— Ortiz es un mito también, pero de otra naturaleza. Diego estaba más cerca de la poesía que de la sociología.

SENEL.— No por gusto el guión se llamó al principio *Enemigo rumor*, un título provisional tomado de Lezama.

GABRIELA.— Dime, Senel, ¿a ti te gustó el final, el gran abrazo?

SENEL.— Sí. Fue el que se impuso, entre otros finales posibles. Yo tuve una experiencia con el de *Adorables mentiras* que me hizo reflexionar. Es un final amargo –por lo menos para una comedia– y la gente salía del cine descorazonada. Yo prefiero que de mis películas la gente salga conmovida o reanimada... En definitiva uno no va al cine a amargarse la vida, sino a reír o a llorar.

ELIZABETH.— Para mí, lo único que le faltó a la película fue darle más desarrollo al personaje del pintor o escultor... ¿cómo se llama?

SENEL.— Germán.

ELIZABETH.— Es el eterno desamparado, la víctima de todos los sistemas, la persona por la que Diego decide luchar... y sin embargo se nos pierde de vista, tiene muy poca presencia en el film.

SENEL.— Quizás tengas razón, pero la de Germán es otra historia y no podíamos correr el riesgo de dispersarnos.

ELIZABETH.— Otra historia y la misma: está estrechamente ligada a la de Diego.

GABRIELA.— También se pasa por alto el hecho de que las artes plásticas *tienen* un mercado. Un artista no se traiciona porque venda sus obras; se traiciona si las hace *para* vender.

De manera que Germán podría haberle dicho a Diego: "Mi arte se vende, pero yo no".

SENEL.— Me temo que el proceso seguido por Germán no quede claro. Yo pensé que estaba dicho o se sobrentendía. Germán ha hecho concesiones para poder ir a México, acompañando una exposición. Ya eso por sí solo implica un drama, que aquí ni siquiera se toca. Por cierto, Joel Angelino, el actor que interpretó a este personaje, hizo un aporte a la película imprimiéndole un tono dramático, que no estaba previsto en el guión, a la escena donde rompen la escultura.

ELIZABETH.— ¿En el cuento original Diego también se va del país?

SENEL.— Sí. Y debo aclarar algo sobre eso. Desde el punto de vista de la Revolución, todo el que se va del país es un mal cubano, un traidor inclusive; pero lo que nadie se pregunta es cuánta responsabilidad le cabe a la propia Revolución en ese problema. Entre los que se van hay de todo: los que están abiertamente contra la Revolución, los que no resisten las tensiones de la vida cotidiana, los que quieren elevar su nivel de vida –como cualquier emigrante, en cualquier parte del mundo–, los que están cansados de sacrificarse por una causa en la que ya no creen, los que simulaban creer y ya no encuentran justificación para seguir haciéndolo... Pero están también los que de *ninguna* manera se hubieran ido de no haberse visto forzados a hacerlo por culpa de los extremismos, los prejuicios, la estupidez, la intolerancia... Y en esos casos estamos moralmente obligados a preguntarnos: ¿Quiénes son los culpables? Hacer caer *toda* la culpa sobre el que se va es muy cómodo, una simplificación del problema.

GABRIELA.— Volvemos al tema de la película. Supongo que sobre esa gran premisa trabajaron ustedes.

SENEL.— En eso Titón y yo estuvimos de acuerdo desde el principio.

GABRIELA.— Pero por suerte no hicieron un film de tesis.

GABO.— Dime una cosa, ¿cuándo tuvieron ustedes terminada una primera versión del guión?

SENEL.— En 1991. La presenté ese año al concurso de guiones inéditos del Festival de La Habana –entonces se llamaba, como ya dije, *Enemigo rumor*– y quedó como finalista. Era una versión demasiado larga, que se dispersaba y que al final se precipitaba un poco, pero yo diría que el ochenta por ciento del guión definitivo ya estaba allí. O el ciento veinte, porque en esta historia siempre pequé por exceso.

MANOLO.— El premio lo ganas al año siguiente, ¿no es así?

SENEL.— Sí, 1992 fue un año de mucho trabajo y mucha incertidumbre, porque Titón tuvo que ir a Nueva York a operarse y no sabíamos lo que iba a pasar. En esos momentos colaboró con nosotros Gilda Santana –una compañera especializada en el análisis dramatúrgico– que nos ayudó a tomar distancia crítica con respecto al material. Estábamos tan saturados de nosotros mismos que necesitábamos una sacudida.

GABO.— Entonces, ¿ya Titón se había operado cuando ganaron el premio?

SENEL.— Sí. Para entonces, yo había logrado reducir el guión a ciento veinte páginas. Y Titón se da cuenta de que *puede* hacer la película, tanto porque se lo permitía su salud –había salido bien de la operación–, como por el apoyo financiero que representaba el premio.

GABO.— Hay mucho de ejemplar en esa actitud. Se requiere un gran temple moral para asumir una tarea así en esas condiciones. ¿Quién iba a pensar entonces que Titón llegaría a hacer la película?

SENEL.— Cuando se le diagnosticó la enfermedad –cáncer en el pulmón– los pronósticos eran sombríos, pero Titón tenía necesidad de seguir creyendo en el proyecto.

GABO.— Se aferró a él como a una tabla de salvación.

SENEL.— Para mí, para mis planes personales, aquello fue terrible. Al principio Titón me había dicho: "Despreocúpate, que este guión lo haces tú en un par de meses. Tienes la historia, el argumento... No te va a dar ningún trabajo". Pero desde que me senté a escribir me di cuenta de que me iba a tomar seis meses, por lo menos.

MANOLO.— Y al final resultó ser un año.

SENEL.— Entre una cosa y otra, sí... Y yo, loco por terminar, para volver a una novela que estaba escribiendo, y Titón desesperado, presionándome... No quería que me fuera de viaje, ni que saliera a pasear los fines de semana... Así que cuando lo operan por primera vez...

GABO.— ¿Por *primera* vez? ¿Hay otras operaciones?

SENEL.— Sí. Cuando Titón regresa de Nueva York, después de la primera operación, decide precipitar el trabajo: escoge actores, hace las pruebas de cámara, recorre toda la ciudad con una camarita, tomando fotos... Y un día empieza a filmar. Pero en uno de esos chequeos periódicos que hacen los médicos, vuelve a sonar la alarma y se decide operarlo de nuevo, esta vez aquí, en La Habana. Yo tenía pendiente un viaje a Venezuela y entonces Titón me... –no puedo decirlo de otro modo– me da permiso para ausentarme... Y cuando vuelvo, me dice que no puede aplazar más la filmación –ni la operación– y que por tanto ha decidido llamar a Juan Carlos.

GABO.— Hay una estrecha relación de amistad entre ellos, ¿no es así?

SENEL.— Además de ser su amigo, Juan Carlos fue siempre uno de sus discípulos predilectos. Titón no sólo cree en su talento artístico, sino que tiene suficiente confianza con él como para pedirle lo que le pidió: que dejara *su* película –porque han de saber ustedes que en esos momentos Juan Carlos estaba editando una película suya– y se incorporara a *Fresa* como codirector. Juan Carlos, al aceptar, dio una demostración admirable de amistad y generosidad. Y así nos embarcamos en ese experimento. Yo también. Tanto Titón como Juan Carlos me pidieron que colaborara con ellos en el trabajo de mesa y que asistiera regularmente a la filmación.

GABO.— Pocos directores he visto yo que autoricen al guionista a participar en los rodajes. En este caso, supongo, influían las circunstancias.

SENEL.— La película es un milagro. Un milagro por la forma en que se hizo y por la forma en que enlazó tres sensibilidades.

ELIZABETH.— ¿Alea llegó a dirigir alguna secuencia él solo?

SENEL.— Creo que estuvo dirigiendo por su cuenta un par de semanas. La secuencia de la heladería Coppelia, donde David conoce a Diego, la dirigió él solo. A mí no acaba de gustarme, por cierto.

GABO.— Pues a mí me pareció muy buena. Es el detonante de la película.

SENEL.— Yo la había imaginado de otro modo.

GABO.— Claro. Pero a partir de ese momento, nadie se va del cine.

SENEL.— Lo que se hizo pudo hacerse no sólo por la amistad de los dos directores, sino también por la existencia del vídeo. Juan Carlos grababa en vídeo lo que iba ensayando o filmando, se lo mostraba a Titón y entonces decidían cómo seguir.

GABO.— Una moral de trabajo estupenda.

SENEL.— Juan Carlos le decía: "Se me ocurrió tal cosa, ¿qué te parece?" Y cuando Titón se recuperó de la segunda operación, empezó a ir de nuevo al *set*, por las mañanas, de manera que podía hablar con los actores, discutir con Juan Carlos la puesta en escena, los encuadres...

GABO.— Es un milagro, como tú decías. Una experiencia excepcional. Alguien debió haber escrito el diario de esa filmación.

MANOLO.— Hay un testimonio fílmico de Rebeca Chávez, un documental titulado *¡Silencio, se filma* Fresa y chocolate!

GABO.— Tenemos que tratar de verlo. Y a propósito del vídeo: es curioso que casi toda la película esté filmada en primeros planos. No la información sobre ambientes y lugares, claro está, sino la presentación de los personajes, las relaciones entre ellos, los diálogos...Todo eso está en *close-ups*. Es televisión, en el buen sentido...

ELIZABETH.— Podría hablarse de una dramaturgia teatral.

GABO.— O de teleteatro. Lo que hay ahí, de hecho, es una exploración de caracteres, aunque nunca se pierde la referencia a los espacios... Hay un trabajo de penetración psicológica que sólo pudo hacerse con una buena dirección de actores y unos actores de primera, capaces de situarse a la altura de la dirección. Lo digo con conocimiento de causa: he visto la película tres veces, la última como si la estuviera editando en moviola, secuencia por secuencia.

SENEL.— Los actores se sentían muy estimulados por el voto de confianza que les había dado Titón. No querían defraudarlo.

GABO.— Me llamó mucho la atención la ceremonia del té. Hay en ella una solemnidad, una atmósfera ritual muy bien logradas, aunque quizá más propias de una dama del Country Club que de estos personajes. Bastaría una secuencia como ésta para demostrar que la intuición de los actores es sensacional.

SENEL.— El té nos jugó una mala pasada, porque Diego derrama a propósito una taza de té sobre la camisa de David, para poder quitársela y mostrarla en el balcón como un trofeo... Pero es obvio que entre el momento en que Diego sale hacia el balcón con la camisa y el momento en que vuelve, no ha tenido tiempo de lavarla... Por suerte, parece que los espectadores no reparan en eso.

GABRIELA.— Yo sí me di cuenta, pero supuse que Diego se había limitado a quitar la mancha.

GABO.— Realmente, es una película bien escrita, bien dirigida, bien actuada, bien filmada... ¡Cómo me alegró verla! Los amigos me llamaban para darme noticias de Titón y de cómo marchaba la película... algunos sin imaginar siquiera que yo también estaba operado y convaleciente.

SENEL.— La mejor medicina que pudo tener Titón, el mejor tratamiento, fue la película. Decía que no podía darse el lujo de morir sin terminarla.

GABO.— ¡Y cumplió su palabra!

SENEL.— Ya está pensando en volver a las andadas, junto con Juan Carlos... Tiene entre manos una comedia sobre el burocratismo titulada *Guantanamera*.

GABO.— Eso es lo que debe hacer: seguir trabajando. ¿Por qué la vida se empeñará en ponernos esas zancadillas? Los buenos directores debieran ser inmortales... ¿Y a ustedes qué les pasa?

MANOLO.— Nada. Que no queremos despedirnos.

GABO.— Yo nunca me despido, porque el que se despide no vuelve. No sé cómo les habrá ido a ustedes en el Taller, pero a mí me fue muy bien. Trabajamos duro, que es lo importante. Lo único que no podemos hacer aquí –nosotros, los que padecemos esta bendita manía– es parar. Si uno para, se lo lleva el diablo. La vida es como un limón, cierto, no se puede exprimir más allá de la cáscara, pero para ustedes no ha empezado todavía, así que no tienen por qué preocuparse.

Miembros del Taller

Rubén Gustavo (Guto) *Actis Piazza* (Argentina)
Realizador y guionista de documentales
y cortos de ficción. En 1993 fue premiado en
la Bienal de Arte de Córdoba (Argentina)

Manuel (Manolo) *Rodríguez Ramírez* (Cuba)
Graduado de la Escuela Internacional de Cine
y Televisión (EICTV) de San Antonio de los Baños.
Autor de *Cerrado por reforma*, guión que obtuvo
el premio para guiones inéditos en el Festival
de Cine de La Habana.

Ignacio Gómez de Aranda Moreión (España)
Guionista y director de cortometrajes.
Ha colaborado en varias series de televisión.

COLABORADOR
Senel Paz (Cuba)
Narrador y guionista. Ha adaptado sus propios cuentos
para películas cubanas como *Una novia para David* (1983),
Adorables mentiras (1990) y *Fresa y chocolate* (1993).
Ha escrito además los guiones de varias películas españolas,
entre ellas *Malena es un nombre de tango* (1996),
basada en la novela de Almudena Grandes,
y *Cosas que dejé en La Habana* (1997)

Este libro ha sido impreso
en los talleres de
Hurope, S.L.
Lima, 3-bis Barcelona